El Reloj Divino
de la Oración

Blake Penson
con Yoel Magdaleno

Publicado por la editorial Faith4Action Media, 307 - 218 Heath Ave, Saskatoon, SK, Canada, S7S0A1

© 2009 por Blake Penson
Diseños y Gráficos por Blake Penson
Portada: Oscar Gato
Traducción: Lic. Julio García Sanz
Publicado en inglés con el título *The Divine Prayer Clock*

Todos los derechos reservados. Ninguna parte de este libro puede ser reproducido ni guardado en un sistema de almacenamiento, ni transmitido en ninguna forma por ningún medio sin el consentimiento expreso del autor o editor. A menos que se especifique, las citas bíblicas son tomadas de la Biblia Reina Valera de 1960, Texto © Sociedades Bíblicas Unidas 1960. Los textos bíblicos subrayados han sido enfatizados solamente por el autor.

ISBN 978 - 0 - 981689 -1- 0

Para más información sobre libros o conferencias ve: www.relojdeoración24-7.com o contacte a Ministerios el Reloj Divino en elrelojdivino@gmail.com.

Contenido

Prefacio	v
Introducción	ix
I. La Casa de Oración	1
II. El Tabernáculo De David	5
III. La Biblia Y El Origen Del Tiempo	13
IV. El Tiempo En Las Oraciones De David	21
V. El Tiempo En Las Oraciones Del Nuevo Testamento	25
La Hora De Incienso	29
La Hora Tercera	35
La Hora Sexta	41
La Hora Novena	47
La Primera Vigilia	55
La Segunda Vigilia	63
La Tercera Vigilia	69
La Cuarta Vigilia	77
VI. El Reloj Divino En La Historia de la Iglesia	85
VII. Un Plan De Oración 24 Horas	97
La Hora Matutina Del Incienso	103
La Hora Tercera de Oración	107
La Hora Sexta De Oración	111
La Hora Novena De Oración	115
La Primera Vigilia De Oración	119
La Segunda Vigilia De Oración	123
La Tercera Vigilia De Oración	127
La Cuarta Vigilia De Oración	131
Horarios Del Reloj Divino	134
Gráfica Del Reloj Divino	135

Prefacio

Una Agenda Divina

"Porque he aquí que tinieblas cubrirán la tierra, y oscuridad las naciones; mas sobre ti amanecerá Jehová, y sobre ti será vista su gloria" (Isaías 60:2).

Creo que este pasaje, de alguna manera, define lo que Dios quiere hacer al traer un nuevo despertar para su pueblo en la relación con él. Blake, quien ha adquirido experiencia como pastor en Canadá y en Latinoamérica, conoce cuál es el costo requerido. Su convicción acerca del contenido de este manual vino después de mucha meditación en la Palabra de Dios, y de haber observado la realidad de la iglesia en la actualidad. Él cree que estamos llegando a un momento especial en que Dios revelará el fundamento bíblico necesario para confirmar que la oración debe ser continua. Blake no cree que deba ser continua solo en un sentido figurativo, sino en concordancia con un tiempo establecido divinamente, o un reloj espiritual. También cree que la Biblia nos enseña que cada fragmento de tiempo en el "Reloj Divino de la Oración" tiene motivos de oración específicos.

Hoy podemos ver que el ocultismo añade una importancia espiritual específica a diferentes momentos en que desarrollan sus prácticas oscuras. Partiendo de la Biblia, queda claro que Satanás, conociendo la historia bíblica y las Escrituras, tiene la costumbre de imitar y torcer las verdades bíblicas a fin de engañar. ¿Por qué debiéramos sorprendernos de que haya tomado verdades relativas al reloj divino de la oración y las haya torcido y usado para sus tenebrosos planes con el propósito de engañar a la humanidad? Sin embargo, Dios ahora ha puesto en sus manos el fruto de un largo estudio realizado por este siervo de Dios a fin de que usted pueda redimir el tiempo. Ya no tiene que sentirse desorientado en su comprensión y deseo de cumplir el mandamiento de Dios de orar sin cesar (1Tesalonicenses 5:17). Por esta razón, podemos afirmar que este manual es más que una simple información sobre la oración. Aun más, es una poderosa herramienta que le motivará, una herramienta de referencia habitual en su vida de oración.

El Reloj Divino de la Oración nació en un momento en que Blake y yo meditábamos juntos acerca del despertar de oración que está ocurriendo por la influencia de las redes de oración de 24 horas que están surgiendo alrededor del mundo. Blake y yo asistimos a una conferencia acerca de las redes de oración de 24 horas donde el conferencista nos animaba a orar cada mediodía por las naciones. Entonces yo pregunté: "¿Por qué orar al mediodía? ¿Y porqué orar precisamente por las naciones? ¿Nos da instrucciones la Biblia acerca de la oración por las naciones al mediodía?" Blake me señaló la respuesta en el libro de Hechos. Usted la verá también en este manual. Sin embargo, cuando nos preguntamos: "Si en alguna manera esta enseñanza es bíblica, ¿habrá también instrucciones o enseñanzas que nos guíen a fin de orar e interceder en otros horarios durante el día y la noche?" Era una pregunta muy buena que encendió ardientemente nuestros corazones. Porque si en realidad existe un fundamento bíblico para el reloj divino de la oración, con tiempos y temas establecidos por Dios, usted podrá imaginar la emoción y motivación que habrá para convocar y organizar al pueblo de Dios para la oración. Y así comenzó la búsqueda bíblica a medida que Blake y yo hurgábamos juntos en las Escrituras. Aunque no encontramos todas las respuestas ese primer día, el Señor nos llevó a preciosos pasajes que están en este manual. Blake continuó investigando y ha acumulado el fruto de esa búsqueda en el regalo que ahora tiene usted en sus manos.

Este es, sin lugar a dudas, un manual que querrá tener todo soldado de Cristo, si él o ella desean tomar con seriedad el llamado a orar sin cesar. Dios no solo espera que oremos, también desea que seamos constantes en nuestra vida de oración

Prefacio

(Lucas 18:1). Solo de esta manera participaremos en el nuevo despertar que Dios está trayendo a su pueblo y por el cual despertará a las naciones (Isaías 60:1-3).

Doy gracias a Dios que los cristianos cubanos hayan abrazado la visión del Reloj Divino abiertamente. Ellos han visto que la visión es oportuna para reenfocar y renovar el pueblo de Dios en esta nación. A la hora de esta impresión, más de 1400 pastores y líderes han recibido el entrenamiento a través de conferencias y retiros de oración. Y la visión continúa ganando ímpetu a lo largo del país. Las redes transdenominacionales de oración han brotado en los pueblos y las ciudades en donde se ha dado la enseñanza. Ahora está comenzando a ser utilizado como un entrenamiento fundacional para los movimientos de iglesias plantadores. ¿Cómo no podemos ser animados cuando vemos pastores y líderes de más de treinta denominaciones que vienen para reconciliar y unirse para clamar a Dios por esta nación y para buscar una visión en común?

Yoel Magdaleno Morales, Pastor.
Julio de 2008.

Introducción

Nuestra Arma Poderosa

La noche antes de enseñar lo que usted está a punto de leer, en un retiro de oración de cuatro días para pastores y líderes, me descubrí bajo un ataque espiritual considerable en las primeras horas de la mañana. Estaba durmiendo en un cuarto que había reservado con cama y desayuno en la ciudad de Santa Clara, Cuba, cerca del centro de retiro. Antes de caer dormido, me sentí incómodo con dos imágenes idénticas que colgaban en las paredes de la habitación. Mi sueño subsecuente era irregular, pues vine bajo asalto de demonios en unas pesadillas. Cuando me desperté, presté especial atención a estas imágenes. Cada una tenía lo que parecía un reloj antiguo, con las manecillas señalando acerca de las 3 de la mañana. También había un sol, no era un sol brillante, resplandeciente, sino un sol oscuro, opresivo. En la imagen también había inscripciones antiguas, que no pude entender. No mucho tiempo después de haber despertado, mi amigo Javier tocaba a la puerta. Le mencioné los ataques espirituales en la mañana y las imágenes. Miró las imágenes y rápidamente identificó el sol oscuro como el ancestral dios egipcio "Ra" y las letras como jeroglíficos egipcios ancestrales. Sin embargo, no comprendió el significado del reloj o de las manecillas que señalaban acerca de las tres de la mañana. Decidí evitar más obstáculos a mi sueño y quité las imágenes de la pared y oré en relación a ellas en el nombre de Jesús, atando cualquier relevancia espiritual que pudieran representar.

Después, mientras oraba buscando discernimiento acerca de las imágenes, el Espíritu Santo me recordó el pasaje en el libro de Éxodo, cuando Moisés guió al pueblo de Israel liberándolo de la cautividad egipcia. El ejército egipcio, dirigido por el faraón, tenía acorralados contra el Mar Rojo a Moisés y a la nación israelita. No parecía haber una vía de escape. Así que Moisés comenzó a orar y, obedeciendo a Dios, levantó su vara y la extendió sobre las aguas del Mar Rojo. El Señor separó las aguas para que los israelitas pudieran pasar por tierra seca. Entonces, el ejército egipcio los persiguió hasta que sus carros llegaron a la mitad del camino. Y fue en este punto que el texto atrapó mi atención.

> *Aconteció a la vigilia de la mañana, que Jehová miró el campamento de los egipcios desde la columna de fuego y nube, y trastornó el campamento de los egipcios, y quitó las ruedas de sus carros, y los trastornó gravemente.* Entonces los egipcios dijeron: "Huyamos de delante de Israel, porque Jehová pelea por ellos contra los egipcios" (Éxodo 14:24,25).

La vigila de la mañana comenzaba aproximadamente a las 3 de la mañana y terminaba a las 6 de la mañana o al amanecer. Faraón, quien se creía a sí mismo el dios "Ra" encarnado, también creía que cada noche Ra pasaba por una reencarnación de 12 horas y renacía como el eterno dios sol. Creía que Ra moría cada medianoche, solo para ser concebido en las primeras horas de la mañana, renovado en vida y energías para renacer al amanecer.[1] Se había olvidado rápidamente de la plaga de muerte que atacó a los primogénitos de Egipto, incluyendo a su propio hijo. Reunió a sus ejércitos para el renacimiento de Ra en la vigilia de la mañana a fin de que quedara demostrado que Ra reinaba supremo sobre el Dios hebreo.

Las imágenes en mi pared querían comunicar ese mensaje a aquellos que hoy practican el ocultismo. Habían sido creadas para los que creían que las antiguas enseñanzas religiosas de Egipto eran el fundamento de varias corrientes de

---

1   Erik Hornung and David Lorton, *The Ancient Books of the Afterlife* (Ithaca, NY: Cornell University Press, 1999), pp. 33-34, 36-41.

Introducción

prácticas ocultistas modernas.[2] Una nueva religión de brujería y neo-pagana llamada Wicca, adora a un dios con cuernos, al que también llaman el dios sol.[3] Los jóvenes que son atraídos a este culto y muchos alrededor del mundo que buscan guía en la astrología están siendo dirigidos por un reloj astral similar al usado por los egipcios.[4] Su mensaje era un desafío al Dios Creador, Jehová. Sin embargo, al amanecer, justo cuando Faraón asumió que su poder como dios sol Ra emergería, Moisés extendió su vara una vez más en intercesión. El mar se cerró sobre el ejército egipcio y lo destruyó hasta el último soldado.

Entonces Moisés extendió su mano sobre el mar, y cuando amanecía, el mar se volvió en toda su fuerza y los egipcios al huir se encontraban con el mar; y Jehová derribó a los egipcios en medio del mar. Y volvieron las aguas, y cubrieron los carros y la caballería, y todo el ejército del faraón que había entrado tras ellos en el mar; no quedó de ellos ni uno. (Éxodo 14:27-28).

Dios dejó claro para Israel, Faraón, y para las naciones, que era él quien gobernaba. Lo hizo mediante la fe e intercesión de un hombre que comprendió la importancia del tiempo de la respuesta de Dios y lo registró para que los creyentes de todos los tiempos pudieran tomar nota. Usted puede imaginar mi regocijo mientras el Espíritu Santo respondía mi oración y me revelaba esta verdad.

    Recientemente navegué por internet indagando sobre el tema de "3 a.m." o "vigilia de la mañana", y me encontré en un sitio web religioso. En el sitio había una página para atender

---

2   Dan Burton and David Grandy, "Egyptians and the Occult" in *Magic, Mystery and Science: The Occult In The Western Civilization* (Bloomington, Indiana: Indiana University Press, 2004), pp. 8-34.

3   www.en.wikipedia.org/wiki/horned_god (visitada el 2 de mayo, 2009).

4   Maria Kay Simms, *A Time for Magick: Planetary Hours for Meditation, Rituals and Spells* (St Paul, MN: Llewellyn Worldwide, 2001), p. 13.

preguntas y respuestas de sus integrantes en todo el mundo. Uno de los temas era un clamor de ayuda para personas que batallaban con "experiencias oscuras" a las 3 de la mañana. Las respuestas comenzaron cuando un joven llamado Matthew escribió:

> *Algunas veces he tenido extrañas experiencias de noche. No son tanto pesadillas sino experiencias con una especie de oscuridad... Sin ir a detalles, parecen ocurrir casi siempre alrededor de las 3 de la mañana... una vez escuché que esto es un horario común en que se sabe que ocurren esta clase de sucesos. ¿Alguien tiene más información?[5]*

Otro hombre llamado Bob, de Australia escribió:

> *Hablé con el Padre Ross después de la reunión hoy, y fui el último de una lista de parroquianos que le expresaron esta preocupación en la semana pasada, casi como si estuviera esparcida como un catarro. Y adivine, todo comenzó poco después de las 3 de la mañana y alcanzó su clímax unos 30 minutos antes de que apareciera la luz de la mañana.[6]*

Desafortunadamente, ninguna de las contestaciones tenía respuestas adecuadas para Matthew. La mayoría eran similares a la de Bob quien recomendaba:

> *Creo que su experiencia es probablemente una visita demoniaca. No me preocuparía demasiado por ella, creo que necesitaban entretenerse, supongo... yo lo ignoraría si fuera usted... quizás usted es un poco más sensible espiritualmente que la mayoría.[7]*

---

5   www.catholic-pages.com (visitada el 24 de septiembre, 2008)..
6   Ibid.
7   Ibid.

Introducción

Satanás intenta engañar a otros en relación con su poder y el ocultismo, mediante la enseñanza de un reloj espiritual astral,[8] y reclama autoridad y control durante las "horas de brujas".[9] Es tiempo de que los "Moisés" de nuestros días extiendan la vara de la intercesión en nombre de Cristo. La vara que Dios ha puesto en nuestras manos es la oración estratégica, con una comprensión de los tiempos y motivos establecidos por él. Después de descubrir estas emocionantes verdades en Éxodo, tanto Javier como yo decidimos levantarnos temprano en la mañana siguiente y orar durante la vigilia de la mañana (de 3 a.m. a 6 a.m.). No solo oramos por el retiro de oración, sino también por la familia dueña de la habitación donde me hospedaba. La dueña del hospedaje escuchó con los ojos abiertos mientras le contábamos el engaño detrás de las imágenes que habían estado en las paredes de mi habitación. Entonces decidió deshacerse de ellas y quiso escuchar más acerca de Cristo. Después de escuchar sobre la autoridad y poder de Jesús, su hijastra decidió recibir a Cristo esa misma mañana mientras orábamos por ella. Durante el retiro de oración, hubo otros que decidieron levantarse y tomar turnos de oración durante las vigilias de la noche. Fue emocionante escuchar las historias de cómo Dios se reveló también a ellos.

No es mi deseo en esta introducción dar más importancia a alguna de las vigilias del Reloj de la Oración por encima de otra. Sin embargo, sí es mi deseo despertar a los creyentes a la autoridad que tienen en Cristo, autoridad para extender la influencia y poder del reino de Jesús a través de la oración y la intercesión. Creo que a medida que el movimiento de redes de oración de 24 horas continúe incrementando su fuerza alrededor del mundo, la comprensión y práctica del Reloj Divino de la Oración podría convertirse en un ingrediente esencial para su fuerza e impacto.

---

8   Mary Kay Simms, p. 13.
9   "Witching Hour", Wikipedia, http://www.en.wikipedia.org/wiki/witching_hour (visitada el 25 de septiembre, 2008).

I. La Casa De Oración

En las Escrituras, Cristo dejó bien claro que su concepto de éxito espiritual era muy diferente al que tenían los líderes religiosos de sus días, o en ese sentido, al que tienen en nuestros días. Cristo no vino para inspirar la construcción de templos. De hecho, él declaró el fin de cualquier plan enfocado en la construcción como medida para el éxito espiritual cuando profetizó la destrucción del templo de Herodes. En su declaración, confirmó que su propósito al venir era levantar un templo espiritual de oración para todas las naciones, mediante su cuerpo (Juan 2:19-21; Marcos 11:17). Los ladrillos no serían de cemento o mortero, sino de piedras vivas.

Cuando Cristo venga a reunir a su iglesia, vendrá buscando un templo espiritual de piedras vivas en oración constante, perseverante.

Acercándoos a él, piedra viva, desechada ciertamente por los hombres, mas para Dios escogida y preciosa, vosotros también, como piedras vivas, sed edificados como casa espiritual y sacerdocio santo, para ofrecer sacrificios espirituales aceptables a Dios por medio de Jesucristo (1 Pedro 2:4,5).

Sería un pueblo nacido y vivificado por el Espíritu Viviente de Dios mediante la fe en Cristo a través de la oración (Romanos 10:13,14). Si el plan de levantar una iglesia es enfocado en la construcción de un templo, entonces nuestro plan es simplemente una copia del diseño de Herodes, y está condenado al fracaso espiritual. Pero si nuestro plan es levantar una iglesia mediante la oración, demostrando y enseñando al pueblo cómo tener un encuentro continuo, vivo, con Cristo mediante la oración, entonces estamos siguiendo el diseño de Jesús. Y su diseño está garantizado y será aprobado por el Inspector de los cielos.

Jesús dijo: *"Pero, cuando venga el Hijo del Hombre, ¿hallará fe en la tierra?" (Lucas 18: 8)*. Cuando Jesús habla de la fe en este pasaje está hablando sobre la oración. La introducción de la parábola identifica el tema: la oración constante, persistente. *"También les refirió Jesús una parabola sobre la necesidad de orar siempre, y no desmayar." (Lucas 18:1)*. En otras palabras, para Jesús, la verdadera fe y la oración continua son lo mismo. El apóstol Pablo declara que la meta de todo ministerio, incluso del evangelismo y la predicación de la palabra, es llevar a la gente al punto donde comience a ejercitar la fe, orando e invocando el nombre del Señor (Romanos 10:13,14). La fe sin la comunión con Cristo mediante la oración constante no es una fe genuina. Cuando él venga a reunir a su iglesia, vendrá buscando un templo espiritual de piedras vivas, en oración constante, perseverante. No vendrá buscando una organización que esté muy ocupada planificando nuevas edificaciones o proyectos de expansión. Y un día probará nuestra obra, lo que sea, con el fuego divino (1 Corintios 3:13-15). Los bloques de cemento, madera, y lozas no permanecerán (2 Pedro 3:11-13). Pero las piedras vivas sí.

Si el Señor le ha bendecido con algún templo agradable o con un templo más grande para reunirse, siéntase humildemente agradecido. Pero recuerde que esa edificación no fue lo que le motivó a morir en la cruz. No es la casa que el Señor quiere o ha estado esperando. La casa que el Señor quiere fue profetizada hace casi 3000 años y su diseño y arquitectura no pueden ser realizados con los medios y recursos de una construcción típica. Sin embargo, la gran noticia es que Dios ha revelado el diseño en su Palabra. Y él ha revelado los métodos y recursos para que podamos inscribirnos como miembros del grupo de trabajo de Cristo, para edificar la casa que Dios desea.

Preguntas para Reflexionar:

1. ¿Cómo piensa usted que los miembros de su iglesia local definirían el término "la casa de Dios"?

2. ¿Hay disparidad entre el concepto actual de la casa de Dios y el que tiene el Señor Jesucristo en las Escrituras (Marcos 11:17)? Si es así, ¿cuál es la disparidad?

3. Haga una lista de los programas y actividades actuales que representan la vida y asistencia de su iglesia local. En una escala de prioridades del 1 al 10, ¿dónde pondría a la oración con relación a los demás programas y actividades?

4. La iglesia primitiva tomó medidas para garantizar que no se desplazara la prioridad de la oración y la enseñanza de la Palabra (Hechos 6:1-7). ¿Qué medidas pudiera tomar su iglesia local para restaurar la oración a su posición correcta en la vida espiritual de la iglesia?

II. El Tabernáculo De David

La profecía más importante en relación con la casa que Dios quiere se encuentra en Hechos 15:16-18 donde el escritor cita a Amós 9:11-13.[10]

> *Después de esto volveré y reedificaré el tabernáculo de David, que está caído; y repararé sus ruinas, y lo volveré a levantar, para que el resto de los hombres busque al Señor, y todos los gentiles, sobre los cuales es invocado mi nombre, dice el Señor, que hace conocer todo esto desde tiempos antiguos.*

El "resto de los hombres"- nuestro vecindario, municipio, ciudad, y nación- vendrá a Cristo como resultado de la reedificación del tabernáculo de David. Si el avivamiento en nuestro barrio, nación, y alrededor del mundo, está condicionado a esta profecía, entonces, es crítico que la comprendamos (según es citada e interpretada por su ponente en el libro de los Hechos).

La casa de oración es el palacio desde el cual Cristo gobierna y gobernará, hecho de piedras vivas. Primeramente, su reino será establecido en los carazones de las personas, y luego en el mundo actual

En el concilio de Jerusalén, Santiago estaba buscando evidencia espiritual que apoyara la redefinición espiritual de la "casa de Dios", según Pablo la redefinía (Efesios 2:19-22). El templo físico en Jerusalén, con la ley ceremonial de Moisés, aún estaba vibrante y activo en los tiempos de la enseñanza de Pablo. Sin embargo, mientras Pablo alcanzaba a los gentiles para Cristo,

---

10　　Graham Truscott, *The Power of His Presence* (Burbank, California: World Map Press, 1969), pp. 4, 5.

también redefinía la casa de Dios como una casa espiritual, o templo en Cristo, en el cual los materiales para edificar eran las personas que creían en Cristo, judíos y gentiles por igual.

> *...en quien todo el edificio, bien coordinado, va creciendo para ser un templo santo en el Señor; en quien vosotros también sois juntamente edificados para morada de Dios en el Espíritu (Efesios 2:21-22).*

Hubo oposición a su redefinición espiritual, no solo de los líderes religiosos judíos, sino también de la comunidad judeo-cristiana en Jerusalén, hasta que Santiago habló proféticamente del tabernáculo de David.

El tabernáculo de David fue una tienda donde David acomodó el arca de la presencia de Dios cuando la trajo a Jerusalén (1 Crónicas 16:1; 2 Samuel 6:17). Lo sorprendente es que el tabernáculo de Moisés aún existía en aquella época, localizado en Gabaón (1 Crónicas 16:39). El tabernáculo de Moisés había estado sin el arca de la presencia de Dios por casi 100 años (durante la vida de Samuel, Saúl, y parte del reinado de David). Había sido capturada por los filisteos en una batalla que devastó a Israel como consecuencia del pecado de sus líderes religiosos (1 Samuel 3,4). Les fue devuelta después cuando Dios castigó a la nación filistea con plagas de tumores (1 Samuel 5,6). Los israelitas dejaron el arca en el campo, inseguros de su relación con Dios - hasta que David se hizo rey. David anheló que la presencia de Dios estuviera nuevamente con la nación. Sorprendentemente, en lugar de retornar el arca de la presencia de Dios al Lugar Santísimo en el tabernáculo de Moisés en Gabaón, David la puso en una simple tienda en Jerusalén (1 Crónicas 16:1). Fue un momento histórico y profético de redefinición y cambio. Y Dios no castigó a David por dejar vacante el Lugar Santísimo en el tabernáculo de Moisés. El arca permaneció en el sencillo tabernáculo de David hasta que su hijo, Salomón, edificara el templo muchos años después. Sin embargo, fíjese que la profecía mencionada en Amós y Hechos, no menciona el templo de Salomón, ni el tabernáculo de Moisés, solo el tabernáculo de David.

Lo que me maravilla es que el tabernáculo de David era una simple tienda sin bloques o muros de algún tipo. Ni siquiera tenía una cortina separando el Lugar Santo del Lugar Santísimo. Parecía haber acceso abierto al arca de la presencia de Dios pues por primera vez se permitió a los levitas comunes que ministraran libremente ante ella junto a los sacerdotes (1 Crónicas 16:4, 6). Otro elemento interesante que distingue el tabernáculo de David fue el ministerio ininterrumpido de oración y adoración delante del arca (1 Crónicas 16: 4, 37). También fue David el que organizó un sistema de 24 rotaciones para ministrar oración y alabanza continuamente delante de Dios (1 Crónicas 24).[11] Es a este simple tabernáculo, a un tabernáculo de cambio histórico y profético al que se refiere Santiago en Hechos 15. Fue un tabernáculo de acceso abierto con alabanza y oración continua. Y es este simple tabernáculo de David el que explicaba la redefinición de Pablo de la casa de Dios como una casa espiritual, y como la clave para el avivamiento mundial.

En la profecía, Santiago cita la reedificación de las ruinas del tabernáculo de David como la condición para lo que estaba ocurriendo entre las naciones gentiles mediante Pablo. En el texto original en Amós, las ruinas son explicadas como agujeros o lugares destruidos en las paredes. Sin embargo, como no había paredes o ruinas físicas, ¿a qué se refería Santiago en la profecía? Solo puede haber una explicación. Las ruinas son las ruinas espirituales de una casa espiritual. Se necesitaba reedificar el acceso abierto a la presencia de Dios, con alabanza y oración continua. No habría barreras o restricciones que impidieran al pueblo tener comunión con Dios todo el día, en cualquier momento. Dios dijo a David que uno de sus hijos edificaría la casa de Dios, y Dios confirmaría su trono para siempre

---

11   Omar Oviedo e Idaly Rivera, *Un Llamado de Dios A Orar Continuamente* (Armenia, Colombia: Publicaciones Alianza, 2003), p. 26.

(1 Crónicas 17:11-15). No fue Salomón, sino Jesús, el Hijo de David, quien edificaría la casa que Dios esperaba. Jesús era el Hijo de David al cual Dios le confirmaría su trono para siempre. Él era quien cumpliría la profecía de Amós.

La reedificación del tabernáculo de David, es el restablecimiento del gobierno de Dios sobre la tierra mediante la línea familiar de David en Cristo, por una casa de alabanza y oración continua. Su trono no sería restablecido por medios políticos o militares, sino espirituales. Y él reedificaría el tabernáculo caído de David, no con bloques de piedra, sino con piedras vivas. Y es mediante esta casa que su reino será establecido para siempre.

La casa de oración es el palacio desde el cuál Cristo gobierna y gobernará, hecho con piedras vivas. Primeramente, su reino será establecido en los corazones de los hombres (Lucas 17:21), y luego en el mundo actual (Apocalipsis 11:15). Habrá orden interno antes de que haya orden externo. Y este orden será restablecido en la reedificación del tabernáculo de David, una casa espiritual con un diseño de acceso abierto para todos, con oración y alabanzas continuas. Esta es la casa mediante la cual Cristo extenderá su gobierno a todas las naciones. Por esta razón Jesús dijo: *"Mi casa será llamada casa de oración para todas las naciones" (Marcos 11:17).*

Creo que Jesús, nuevamente, está revelando su plan a su pueblo, para la reedificación del tabernáculo de David, de acceso abierto, y de oración y alabanzas continuas. La predicación del evangelio solo impactará cuando sea restaurado aquel tabernáculo o casa. Pablo vio los resultados en su tiempo, porque ellos ministraban desde una casa de oración continua, día y noche (1 Tesalonicenses 3:10; 5:17; 2 Timoteo 1:3). También creo que la reedificación ha estado en proceso desde la época de la iglesia primitiva, pero ha habido tiempos en que ha estado detenida, cada vez que el cuerpo de Cristo se ha desviado del diseño de Cristo para su casa. Jesús, como piedra angular (Isaías 28:16; Efesios 2:20), ha puesto la base y provisto, en si mismo, todos los recursos para que fuésemos unidos y levantados en el templo espiritual santo que llenará la tierra con su gloria. El ha quebrantando todas las barreras que pudieran impedir la obra (Efesios 2:14-16). Sin embargo, nuestra responsabilidad como piedras vivas, es ser edificados en la piedra angular de Cristo, mediante la fe expresada en la oración y adoración mutua. Jesús nos llama para participar en la obra con él. En realidad, la casa de Dios es la única casa que sea un organismo vivo, en la cual todas las piedras vivas se edifican mutuamente mediante la oración y comunión con La Piedra Viva, Jesucristo (1 Pedro 2:4-6).

Los religiosos del tiempo de Cristo quedaron descalificados como edificadores (Hechos 4:11). Nosotros también debemos tener cuidados. El Señor es el constructor principal y nosotros los trabajadores. A menos que construyamos según su diseño y direccion, nuestro esfuerzo será en vano. *Si el Señor no edifica la casa, en vano se esfuerzan los albañiles (Salmos 127:1, NVI).* Ser religioso no basta para ser edificador del templo verdadero de Dios. Se necesita una relación íntima con el Señor mediante la fe verdadera que se manifiesta en la oración. No podemos formar parte del tabernáculo vivo sin participar mediante la oración. Desafortunadamente, los planes, las estructuras, y las tradiciones religiosas de los hombres, a menudo, han dificultado el acceso continuo a la presencia de Dios. Como cuando existieron el tabernáculo o el templo sin el arca, también nosotros podemos ser fácilmente engañados al pensar que las formas religiosas y la tradición son aceptables. Podemos sentirnos satisfechos con las decoraciones y olvidar que la esencia de nuestra fe es la intimidad con Dios mediante la oración.

Hoy en día, los pastores norteamericanos oran un promedio de 22 minutos cada día. Los chinos oran una hora y media y los coreanos, como Yongii Cho, 3 a 5 horas diarias.[12] Y nos preguntamos ¿porqué Dios no se está moviendo en gran manera en la iglesia norteamericana? Un pastor, amigo mío, re-

---

12   Stuart Robinson, "Praying - The Price of Revival," www.globalchristians.org/articles/payprice.htm (visitada 30 de septiembre, 2008).

cientemente tuvo el privilegio de estar en una conferencia para pastores de muchas naciones. En aquella conferencia, en la cual también participaban pastores coreanos, mi amigo observó la risa y el comentario de un pastor norteamericano: "Los pastores coreanos no tienen tiempo para hacer nada más que orar." La realidad es que los coreanos sí oran, y por lo tanto Dios se ha movido, añadiendo increíblemente a la iglesia y bendiciendo la nación.

No es mi intención predicarles. Este libro, más que la prueba de una intimidad persistente con Dios, es realmente el resultado de la misericordia de la mano de Dios en mi vida. Solo dos años antes, mi vida espiritual estaba perdiendo rápidamente todos sus signos de vitalidad, engañado en el pensamiento de que trabajar para Dios reemplazaba la intimidad con Dios. Fue mediante un sueño que Dios dio a un nuevo creyente (para quien se suponía que yo era un buen ejemplo), que Dios me restauró a una relación íntima consigo mismo. Mi amigo me describió aquel extraño sueño en un email, pensando que era para sí mismo. Me pidió que buscara a Dios para recibir la interpretación del sueño. En la primera parte del sueño, vio una casa en un terrible estado de decadencia. Había huecos en el techo y en las paredes. Habían pasado muchos años desde que fuera reparada o recibiera mantenimiento. Parecía un hogar abandonado. En la segunda parte del sueño, había dos pájaros. Uno picoteaba los ojos del otro, pero el ave atacada permitía pasivamente que la otra le cegara y luego le matara. En un deseo por ayudar a mi amigo comencé a buscar a Dios en lo concerniente al sueño. Entonces Dios me reveló que el sueño no era para mi amigo, sino para mí. Era mi vida espiritual, la casa de oración de Dios en mí, la que estaba decadente. Con el tiempo, simplemente había asumido mi relación con Dios sin hacer algo para alimentarla. Y el amor que no es alimentado, muere lentamente. Mi descuido, en relación a mis tiempos de oración con Dios, estaba matando aquel amor y gozo que Dios había hecho nacer para él en mi corazón. El ave maliciosa atacante intentando destruir cualquier signo de vida e intimidad con Dios era mi negligencia espiritual. Yo tenía la religión, pero estaba perdiendo la relación. Gracias a la misericordia de Dios, mediante el sueño que dio a mi amigo, el Espíritu de Dios me despertó y me llamó antes que fuera demasiado tarde.

El llamado que revolucionará a la iglesia en los últimos días será para que volvamos a nuestro primer amor, en lugar de continuar en las simples actividades religiosas. La reedificación comienza nuevamente en nuestro tiempo, en la forma de un hambre creciente por la intimidad espiritual en oración. En las iglesias locales está surgiendo un movimiento interdenominacional de 24 horas los 7 días de la semana en todo el planeta, preparando el camino para la predicación del evangelio, el arrepentimiento y el avivamiento global. Cristo nuevamente está revelando su plan a su pueblo. En las próximas páginas de este manual, usted verá cómo este plan es revelado y realizado en Cristo, cuando el pueblo de Dios se prepara y organiza según el modelo que él nos ha dado. Moisés edificó en la tierra una copia material del diseño de Dios de un tabernáculo espiritual (Hechos 7:44). Tenemos la increíble oportunidad, bajo la dirección de Cristo, de participar en la edificación terrenal de la misma casa espiritual que hay en el cielo (1 Pedro 2:4,5).

Acercándoos a él, piedra viva, desechada ciertamente por los hombres, mas para Dios escogida y preciosa, vosotros también, como piedras vivas, sed edificados como casa espiritual y sacerdocio santo, para ofrecer sacrificios espirituales aceptables a Dios por medio de Jesucristo (1 Pedro 2:4-5).

Usted tiene la oportunidad de ser parte de este momento histórico y profético. Pero debe elegir si participará. ¿Será parte del mayor proyecto de edificación en la historia de la humanidad?

Preguntas para Reflexionar:

1. ¿Cuál era la diferencia entre el tabernáculo de David y el tabernáculo de Moisés?

2. ¿Cómo es que esa diferencia se convirtió en una motivación esencial en el crecimiento e influencia de la iglesia primitiva (Hechos 15:16-18)?

3. Para David, y también para la iglesia primitiva, la casa de Dios (la casa de oración) era el lugar del gobierno de Dios en la tierra (Hechos 4:23-31) ¿La práctica actual de oración refleja el concepto bíblico? Si no es así, ¿por qué?

4. ¿Qué puede hacer usted para ayudar a restaurar la convicción relativa al supremo llamamiento de oración en su propia vida y en la de su iglesia local?

III. La Biblia Y El Origen Del Tiempo

Antes de profundizar en el concepto del Reloj Divino de la Oración, debemos comprender cómo se desarrolló el concepto del tiempo en la nación de Israel durante toda la historia bíblica. En realidad, hasta la llegada del Imperio Romano, los hebreos probablemente no tenían una concepción concreta del tiempo como el refinado concepto de un reloj de 24 horas. Antes y durante la época de Moisés (aproximadamente 1500 - 1400 a.C.), parece que los egipcios estaban desarrollando el concepto de medida exacta del tiempo. Tradicionalmente, el tiempo era medido a través del estudio del movimiento general del sol en el día y de las estrellas en la noche. Sin embargo, los egipcios desarrollaron instrumentos para medir numéricamente el tiempo de una forma exacta. Asignaron 12 horas de noche, 10 horas de día, y 2 horas para el amanecer y atardecer, que se suman a las 24 horas que nosotros tenemos hoy en día.[13] Los egipcios utilizaron un reloj solar para las horas diurnas.[14] Usaron un diagrama estelar además de un reloj de agua para las horas de la noche.[15] El descubrimiento arqueológico de estos instrumentos les ha fechado aproximada-

Si el tiempo se vuelve nuestro dios, llenando nuestras vidas con más y más actividades para encontrar la satisfacción, finalmente seremos consumidos por él. La vida perderá su valor y propósito.

---

13   Otto Neugebauer, *The Exact Sciences in Antiquity* (Dover, UK: Courier, 1969), p. 86.

14   Sarah Symons, "Shadow Clocks and Sloping Sundials of The Egyptian New Kingdom Period," British Sundial Society Bulletin, No 98.3, Oct. 1998, pp. 30-38.

15   Sarah Symons, "Two Fragments of Diagonal Star Clocks in the British Museum," JHA XIII, 2007, pp. 257-260.

mente alrededor del 1500 a 1300 a.C.[16]

Sin embargo, la medición numérica del tiempo por los egipcios no fue simplemente la asignación de un valor numérico a las posiciones del sol y las estrellas. La medición numérica del tiempo también tenía una importancia religiosa. El día y la noche eran personificados por una deidad cuyo nombre era "Ra". Como mencionamos anteriormente, la noche de 12 horas era la reencarnación y renacimiento del dios sol Ra. Los detalles se encuentran en lo que es llamado "Amduat: El Libro de las Cámaras Ocultas". Son una serie de oraciones al dios sol Ra (Re).[17] Fueron escritas en las paredes de la tumba de Tutmosis III, Faraón de Egipto.[18] Tutmosis III reinó aproximadamente entre el 1479 y el 1426 a.C.[19] Probablemente él fuera el faraón mencionado en el relato del Éxodo. Los cálculos de fechas bíblicas basados en 1 Reyes 6:1, ubican el éxodo aproximadamente en el 1440 a.C.[20] Moisés fue criado en las cortes del faraón y estaba bien versado en las ciencias egipcias y en las enseñanzas religiosas (Hechos 7:22). Sin embargo, al establecer un modelo para Israel, obviamente escogió desentenderse de las ciencias religiosas numéricas del tiempo de los egipcios. Dios lo usó para separar al pueblo judío de la cultura egipcia y de sus ciencias que estaban entremezcladas con creencias religiosas falsas.

Descubrimos a los israelitas guiados por su propio sistema de tiempo basado en un calendario lunar que les fue dado mediante el pacto con Dios. El primer mes era Nisan, señalando

---

16   Eric Bruton, *The History of Clocks and Watches* (London: Orbis Publishing, 1979), pp 13, 20.

17   Hornung and Lorton, "The Amduat" in *The Ancient Books of the Afterlife* (Ithica, New York: Cornell University Press, 1999), pp. 27 – 53.

18   Joann Fletcher and Delia Pemberton, *Treasures of the Pharoahs* (San Francisco, CA: Chronicle Books, 2004), pp. 61-62.

19   Theodore Abt and Erik Hornung, *History of Ancient Egypt* (Ithaca, New York: Cornell University Press, 1999), pp. 82-83.

20   www.en.wikipedia.org/wiki/TheExodus (visitado el 14 de septiembre, 2008).

la intervención salvadora de Dios en la Pascua mediante la sangre derramada de un cordero marcando sus umbrales. Debían aprender el tiempo en los términos de la actividad salvadora de Dios. La importancia del tiempo no debía descubrirse en un dios egipcio, sino en el Dios Creador Jehová, y en confiar y adorarle a él. Los días de la semana eran asociados con la historia de la creación en el primer capítulo de la Biblia (Génesis 1). Este es un contraste bastante evidente con los días de nuestra semana que han sido nombrados en honor a dioses romanos, noruegos, y alemanes. [21] A todo lo largo de la historia hebrea del Antiguo Testamento, no vemos al pueblo judío utilizando instrumentos numéricos para medir el tiempo en la correspondiente división de 12 horas de día y 12 horas de noche. El tiempo del día era medido en relación con el relato de la creación, con el sol, la luna, y las estrellas que en sus movimientos eran vistos como instrumentos de Dios para señalar el tiempo.

> *E hizo Dios las dos grandes lumbreras; la lumbrera mayor para que señorease en el día, y la lumbrera menor para que señorease en la noche; hizo también las estrellas. Y las puso Dios en la expansión de los cielos para alumbrar sobre la tierra, y para señorear en el día y en la noche, y para separar la luz de las tinieblas. Y vio Dios que era bueno. Y fue la tarde y la mañana el día cuarto (Génesis 1:16-19).*

Moisés, el escritor del Pentatéuco (los primeros cinco libros de la Biblia), estaba estableciendo el modelo para el pueblo del pacto de Dios, escogido por Dios para sus tiempos y propósitos.

No solo los egipcios jugaron un rol para desarrollar el concepto del tiempo en el reloj de 24 horas que tenemos hoy. Después de los egipcios, estuvieron los babilonios, los griegos, y

---

21   Gerald Erichsen, "Planetary Hours of the Week," www.spanish.about.com/od/historyofspanish/a/namesof day.htm. (visitado el 11 de mayo, 2009)

los romanos.[22] Parece que a menudo se asoció el tiempo numérico y los dioses de cada cultura. Por ejemplo, los griegos utilizaron la palabra "cronos" para describir el concepto de una medida o porción de tiempo. [23] Sin embargo "cronos" no solo señalaba una unidad del tiempo, sino a alguien que podía ser destructivo. Cronos, en la mitología griega, era un dios que comió a sus propios niños.[24] Los griegos, sin saberlo, comunicaban una gran verdad: si el tiempo se vuelve nuestro dios, llenando nuestras vidas con más y más actividades para encontrar la satisfacción, finalmente seremos consumidos por él. La vida perderá su valor y propósito. Adorar al tiempo y a las actividades es una elección fatal.

La otra palabra para tiempo en griego era "kairos". La esencia de su uso en la cultura griega fue fundamentalmente la de un "momento decisivo" presentado ante alguien. Reconocer y recibir ese momento era descubrir el destino propio. No reconocerlo y desaprovecharlo era destruir el destino propio.[25] Era una temporada especial, un momento oportuno en la vida que había sido designado como un regalo a fin de redimir el tiempo y darle forma y propósito. Era lo que Dios estaba tratando de enseñar a su pueblo mediante el marco del pacto de meses y días de reposo inundados con los planes y propósitos eternos de Dios.[26] Aquellos meses y días de reposo eran "kairos" momentos que les daban una oportunidad de aceptar el propósito eterno y el destino para sus vidas y actividades. El día de reposo era un llamado a recordar y revisar la historia de la creación y del pacto, y la razón por la que fueron creados. Así

---

22   Neugebauer, p. 81.

23   Delling, "Cronos," *Theological Dictionary of The New Testament* (Logos Electronic Scholar's Library, 2007).

24   Scott Littleton, *Gods, Goddesses, and Mythology* (Terrytown, NY: Marshall Cavendish Corporation, 2005), pp. 335 – 336.

25   Delling, "Kairos," *TDNT*.

26   Mark Buchanan, *The Rest of God* (Nashville, Tennessee: Thomas Nelson, 2006), p. 36.

como ellos fueron creados a la imagen y semejanza de Dios, para que fueran un reflejo de él en la tierra, así su tiempo debía ser un reflejo de una mentalidad eterna. En lugar de ser consumidos por una actividad terrenal sin propósito, Dios nos ha llamado a ubicar nuestro descanso donde podamos ser restaurados al eterno significado y propósito por el cual fuimos creados.

Con el pecado y la decisión de la humanidad de volver la espalda a los planes y propósitos de Dios, nuestra comprensión del tiempo quedó separada de la eternidad. Fuimos confrontados con un contexto de tiempo, un "cronos" que trajo muerte. Desde entonces nuestros días han estado llenos de ansiedad, ocupándonos en actividades continuas para tratar de olvidar que el tiempo se nos va acabando. La buena noticia es que Jesús, el Alfa y la Omega, el eterno Unigénito ha venido a nosotros. Él ha venido dentro del "cronos" de nuestras vidas y agendas diarias. No vino para consumirnos, sino para sacrificarse por nosotros, y restaurar en nosotros los propósitos y planes divinos y eternos de Dios. El Señor del día de reposo ha venido para recordarnos el lugar de descanso divino en nuestras vidas (Lucas 6:5, Mateo 11:28,29). Nos llama a descansar en él. Es un tiempo "kairos", un tiempo de destino. Debemos escoger: aceptar nuestro destino, o perderlo.

Jerusalén no reconoció su tiempo de destino, su "kairos" cuando le llegó. *"Y te derribarán a tierra, y a tus hijos dentro de ti, y no dejarán en ti piedra sobre piedra, por cuanto no conociste el tiempo de tu visitación"* (Lucas 19:44). Es importante notar las palabras proféticas de Jesús en respuesta a la decisión de su pueblo de no reconocer y recibir su "kairos" divino. Sería destruida la ciudad de Jerusalén y, como relata en el evangelio de Mateo - el templo de Jerusalén también (Mateo 24:1,2). Los planes y propósitos divinos para la vida del pueblo de Dios están intrínsecamente relacionados con la casa de Dios, la casa de oración. Jesús, el "kairos" de Dios, ha venido para redimir las actividades de nuestra vida, nuestro "cronos", con propósito y significado divinos. Si eligimos reconocer y recibir este momento "kairos", solo podremos hacerlo al expresar nuestra fe, reclinándose en él mediante la oración. Estar con Jesús en la oración debe ser la prioridad de nuestras agendas diarias "cronos", si es que serán redimidas con el "kairos" divino de los cielos.

Lo que usted leerá en el resto de este libro le conmoverá y retará cuando comprenda cómo Dios ha invadido nuestras agendas "cronos" con su reloj divino "kairos". Yo le llamo el reloj divino de la oración. Las Escrituras detallan cómo el reloj "kairos" de Dios fue desarrollado inicialmente a través de David y luego recibió su pleno sentido en la vida y obra del Hijo de David, Jesucristo. Y este es el reloj que nos revela los planos para edificar la casa que Dios quiere. Es la tarea para la que fuimos hechos. Es nuestro destino eterno. Jesús está ofreciéndonos a usted y a mí una oportunidad de trabajo divino para fabricar con él en una obra que nos fue designada antes del tiempo (Efesios 2:10, 22). ¿Lo reconocerá y aceptará usted? ¿Participará usted en la reedificación del tabernáculo caído de David? Sí es así entonces continúe leyendo.

Preguntas para Reflexionar:

1. ¿Se ve usted a sí mismo como una persona controlada por el tiempo y las circunstancias, o como un creyente en Cristo que puede influenciar los tiempos y situaciones a su alrededor (vea Josué 10:12-13)? Explique.

2. ¿Son sus actividades diarias inspiradas por sus oraciones, o son sus oraciones una reacción a sus actividades diarias (vea Marcos 1:35-39)? ¿Por qué piensa que esa es su realidad espiritual?

3. ¿Cómo podemos ser transformados a fin de dejar de ser personas con estilos de vida enfocados en el "cronos", y convertirnos en personas con estilos de vida enfocados en el "kairos" (Hechos 17:26-28; Salmos 91:12; Apocalipsis 1:8)?

IV. El Tiempo En Las Oraciones De David

En el reinado del rey David, el tiempo era marcado durante el día según la posición del sol: "boqer"[27]- amanecer, "tsohar"[28]- mediodía, y "ereb"[29]-atardecer. Por esa razón, David, el hombre que Dios usó para revelar la casa de Dios como una casa espiritual de oración continua, afirmó el llamado a la oración continua identificando los tiempos de oración. Oraba en cada una de las tres posiciones del sol en el día. *"Tarde y mañana y mediodía oraré y clamaré, y él oirá mi voz" (Salmos 55:17).*

Necesitamos cambiar el modelo para estructurar nuestros días, abandonando el ritmo de vida fundamentado en el activismo para tener un ritmo de vida fundamentado en lo espiritual.

En la época de David, la noche estaba dividida por tres vigilias nocturnas. Las vigilias de la noche estaban determinadas por los movimientos de los cuerpos celestiales (el sol y las estrellas). Las vigilias comenzaban con "nessheph"- crepúsculo (2 Reyes 7:5),[30] continuaban con "chatsowth"- medianoche (Salmos 119:62),[31] y la última vigilia terminaba con "boqer"- el amanecer (Salmos 46:5). David afirmó su fidelidad a orar en las vigilias de la noche. *"Se anticiparon mis ojos a las vigilias de la noche, para meditar en tus mandatos." (Salmos 119:148).* David también declaró: *"A medianoche me levanto para alabarte por tus justos juicios." (Salmos 119:62).* En el Salmo 63:1 dice: *"Dios, Dios mío eres tú; De madrugada te*

---

27   J. Strong, "boqer," (Strong's Hebrew #1242), *Strong's Exhaustive Concordance Of The Bible* (Logos Electronic Scholar's Library, 2007).
28   J. Strong, "tsohar," (Strong's Hebrew #6672).
29   J. Strong, "ereb," (Strong's Hebrew # 6153).
30   J. Strong, "nessheph," (Strong's Hebrew #5399).
31   J. Strong, "chatsowth," (Strong's Hebrew #2676).

buscaré". Parece que David no perdía ni una de las vigilias de la noche para estar en comunión con su Dios. *"Cuando me acuerde de ti en mi lecho, Cuando medite en ti en las vigilias de la noche" (Salmos 63:6)*. Como pastor de ovejas, David se acostumbró a un sueño no muy profundo para poder levantarse y vigilar, tal como lo hace la madre de un recién nacido. Como el rey pastor sobre Israel, David se levantaba para orar al comienzo de cada vigilia. La pasión de David era tener comunión continuamente con Dios al mantener un sistema de oraciones nocturnas. Sin embargo, la pasión de David para Dios era tanto que ni se limitara a su horario de las tres posiciones del sol y las tres vigilias de la noche para buscar a Dios. El encontró un séptimo tiempo en el día para encontrarse con Dios. *"Siete veces al día te alabo a causa de tus justos juicios" (Salmos 119:164)*. No sabemos si David tomó 15 minutos, media hora, una hora, o más, en cada uno de estos tiempos de devoción a Dios. En realidad, él no tenía los medios para medir el tiempo con precisión, como podemos hacerlo hoy nosotros. Lo que sí sabemos es que David se enrolaba en una relación llena de propósito con Dios durante todo el día. Su vida era una conversación y comunión continua con Dios. Y ese es el secreto para entender el reloj de oración. Es el desarrollo del hábito de relacionarnos regularmente con Dios durante todo el día.

Esto es bastante increíble cuando se considera la tremenda responsabilidad que David debió tener como rey, siendo tanto un líder civil como militar. David, fácilmente, pudo haber permitido que su agenda diaria fuera dominada por las responsabilidades más urgentes y apremiantes. Pero él tenía un ritmo de vida fundamentado en lo espiritual, y no un ritmo de vida fundamentado en el activismo. Su actividad era instruida y dirigida por lo espiritual. David llegó a la conclusión de que sus responsabilidades civiles y militares debieran ser dirigidas y organizadas según su estructura de oración. Él pudo haber tratado de convencerse a sí mismo, y a todos, de su importancia mostrando una agenda llena de actividades, sin tiempo para

Dios o para nadie más. Pero quería que fuera evidente que la fuente de su autoridad, sabiduría, riquezas, y poder era Dios. Él quería que todos supieran que, en último sentido, Dios era el verdadero Rey.

Como pueblo de Dios, si queremos ser parte de su plan para reedificar el tabernáculo de David a fin de traer un avivamiento mundial, necesitamos prestar atención al ejemplo de David. Necesitamos cambiar el modelo con que estructuramos nuestros días. Debemos abandonar el ritmo de vida fundamentado en el activismo para adoptar un ritmo de vida fundamentado en lo espiritual. Necesitamos pensar cómo organizarnos individual y corporativamente para cumplir la sorprendente profecía relativa al tabernáculo de David. Si David reconocía la importancia de organizar a los levitas y al pueblo para asegurar una oración y adoración continuas, nosotros debiéramos sentirnos motivados a hacer lo mismo para reedificar el tabernáculo de David en nuestros días. David sabía que sus oraciones solitarias no serían suficientes para lograr que la nación de Israel siguiera a Dios y experimentara su bendición. Como individuos, no muchos podremos sostener una agenda de oración como la de David para orar durante el día y en cada vigilia de la noche. Creo que Dios dio a David una medida extra de su gracia como iniciador o fundador de este tabernáculo. Pero podemos organizarnos, como iglesia, para cubrir todas las vigilias y asegurarnos de que al menos uno de nosotros esté delante de Dios en oración en todo momento. Nuestra esperanza es que todos empiecen a involucrarse participando en una de las vigilias de la noche o las horas de oración durante el día. Luego se puede incrementar el tiempo de participación según la gracia que Dios provee.

Preguntas para Reflexionar:

1. Si usted ha tenido, o tiene ahora un plan de oración, explíquelo, y también las razones para organizarlo de esa manera. ¿Le ha funcionado bién? ¿Por qué sí, o por qué no?

2. En lugar de añadir la oración a su agenda diaria, el rey David organizó su agenda alrededor de la oración. ¿Cuál es su reacción inicial a ese estilo de vida? ¿Por qué?

3. David también, mediante su tabernáculo, organizó a los levitas y a su pueblo alrededor de un estilo de vida de oración las 24 horas, los siete días de la semana. ¿Cuáles pudieran ser algunos de los obstáculos para reedificar el tabernáculo de David mediante un plan de oración 24 horas, los 7 días a la semana, en su iglesia local?

4. ¿Cómo pudieran vencerse estos obstáculos?

V. El Tiempo En Las Oraciones Del Nuevo Testamento

El Reloj del Nuevo Testamento

El concepto durante el tiempo del reinado de David continuaba la tradición heredada por Moisés. Los días estaban marcados por la posición del sol (2 Reyes 20:10,11). Las vigilias de la noche estaban determinadas por los movimientos de los cuerpos celestiales (el sol y las estrellas). Como expliqué anteriormente, es probable que Moisés, por motivos espirituales, escogiera rechazar la medición numérica del tiempo que utilizaban los egipcios. Además, el concepto del día dividido en 24 unidades numéricas de tiempo, no aparece hasta el final del período babilónico (2 Reyes 20:9-11), y es ámpliamente aceptado en las Escrituras del Nuevo Testamento durante el período romano. En la época de la civilización romana, la medición numérica del tiempo parecía tener más una connotación militar que religiosa. El concepto del día de 12 horas, y la noche de 12 horas, acompañaba a las legiones romanas cuando extendían el imperio. Las trompetas, tocadas por soldados romanos, señalaban el cambio de las vigilias cada tres horas.[32] La señalización del tiempo era una señal de la presencia y soberanía romana. El cambio en énfasis hacia un enfoque militar es importante porque Dios estaba a punto

Siguiendo el ejemplo de los discípulos de Cristo, nosotros también podemos aprender a hacer que el tiempo con Jesús sea la prioridad en nuestra agenda diaria.

---

32   Sarah Elise Phang, *Roman Military Service* (Cambridge, England: Cambridge University Press, 2008), p. 213.

de invadir el tiempo y el espacio en la persona del Alfa y la Omega, Jesucristo.

El tiempo en el día romano estaba marcado por 12 horas de un reloj de sol, y en la noche era señalado por relojes de agua que eran mucho más refinados que los relojes de agua egipcios. Las 12 horas del día y las 12 horas de la noche estaban agrupadas en bloques de 3 horas.[33] Así se explica la diferencia entre el "reloj de oración" de David en el Antiguo Testamento (que no tenía números) y la terminología de tiempo numérico en los evangelios. Por ejemplo, Jesús dice en el evangelio de Juan: *"¿No tiene el día doce horas?" (Juan 11:9).* En lugar de describir el tiempo solamente por las posiciones del sol, se daba una designación numérica al tiempo. La campana del foro sonaba en las ciudades del Imperio Romano para señalar el comienzo del día (las 6a.m. según nuestro horario).[34] La próxima campanada señalaba la media-mañana (9 a.m. de nuestro horario), y era llamada la tercera hora (Hechos 2:15), porque habían pasado tres horas desde el amanecer. La campanada del mediodía (12 meridiano) era llamada la sexta hora (Hechos 10:9), y señalaba el comienzo del descanso del almuerzo. La campanada de la media-tarde (3 p.m. según nuestro horario) era conocida como la hora novena (Hechos 3:1), y era un llamado a volver a trabajar.[35] Las cuatro de la tarde en nuestro tiempo, sería la hora décima. En el evangelio de Juan, el escritor hace un comentario sobre dos de los primeros seguidores de Jesús en relación a la décima hora. Ellos habían decidido quedarse con él porque el día había avanzado y se estaba siendo de noche. *"Fueron, y vieron donde moraba, y se quedaron con él aquel día; porque era como la hora décima" (Juan 1:39b).* Siguiendo el ejemplo de los discípulos de Cristo, nosotros podemos aprender a hacer que el tiempo con Jesús sea la prioridad en nuestra agenda diaria.

---

33   Ibid.
34   Phyllis Tickle, *The Divine Hours* (New York: Double Day, 2000), p. x.
35   Ibid.

Las horas de la noche también eran designadas numéricamente (Hechos 23:23). Generalmente, los cuatro bloques de 3 horas de la noche eran llamados "vigilias", como reflejo del sistema militar romano de observancia y control. Como se mencionó, el sonido de una trompeta era la señal del fin de una vigilia y el comienzo de la otra, no una campanada, como durante el día. La primera vigilia comenzaba a las 6 p.m. de nuestro tiempo. La segunda vigilia comenzaba a las 9 p.m. La tercera vigilia empezaba a medianoche, y la última vigilia a las 3 a.m. y terminaba a las 6 a.m. Jesús se refería a las vigilias en términos de vigilancia espiritual. Él describe las cuatro vigilias nocturnas en el evangelio de Marcos (13:35-37).

Cuando los primeros cristianos escucharon las campanas del foro o las trompetas, automáticamente pensaban en la oración. Las primeras campanas puestas en las iglesias tenían el propósito de recordar a los cristianos el llamado a la oración en los horarios establecidos. En las siguientes páginas usted encontrará un plan divino para transformar su concepto del tiempo. Fíjese bien en los horarios del reloj de la oración que se encuentran en el Nuevo Testamento. Usted verá como Jesús puede y quiere llenar su agenda diaria con propósitos divinos mediante un estilo de vida de oración.

Preguntas para Reflexionar:

1. ¿Cuáles son los tiempos del Nuevo Testamento (los equivalentes romanos), para las 6 a.m., las 9 a.m., las 12 m, y las 3 p.m.?

2. ¿Cuáles son los tiempos del Nuevo Testamento (los equivalentes romanos) para vigilias de las 6 p.m., 9 p.m., 12 m, y 3 a.m.?

3. ¿Por qué asignamos horas específicas a nuestras actividades cotidianas?

4. ¿Por qué piensa usted que pudiera ser importante recordar los tiempos bíblicos de oración en su equivalente original en la Biblia?

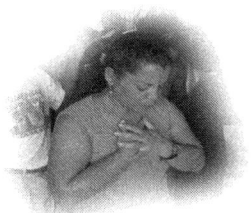

La Hora del Incienso (6 a.m.)

El primer bloque de oración de 3 horas era conocido por el término: "La Hora del Incienso". Comenzaba con el amanecer y, en realidad, había sido establecido desde el tiempo de Moisés. "Y Aarón quemará incienso aromático sobre él; cada mañana cuando aliste las lámparas lo quemará" (Éxodo 30:7). En ese tiempo, Aarón intercedía ante Dios con el pectoral y el efod (Éxodo 28:4). Era una práctica que continuó hasta la época de los Evangelios, cuando descubrimos a Zacarías intercediendo ante Dios mientras el pueblo oraba y esperaba fuera (Lucas 1:9-12). "Y toda la multitud del pueblo estaba fuera orando a la hora del incienso" (Lucas 1:10).

La fragancia de nuestras oraciones al amanecer, nuestra comunión con Dios, es un jardín fragante en el cuál él se deleita caminando en la mañana.

Era la hora en que Dios prometió encontrarse con su pueblo para hablarle, si venía de la forma prescrita en el momento prescrito.

> *"Esto es lo que ofrecerás sobre el altar: dos corderos de un año cada día, continuamente. Ofrecerás uno de los corderos por la mañana, y el otro cordero ofrecerás a la caída de la tarde.... Esto será el holocausto continuo por vuestras generaciones, a la puerta del tabernáculo de reunión, delante de Jehová, en el cual me reuniré con vosotros, para hablaros allí. Allí me reuniré con los hijos de Israel; y el lugar será santificado con mi gloria" (Éxodo 29:38-39; 42-43).*

El primer llamado a oración cada día nos recuerda la increíble oportunidad de venir en Cristo, el Cordero de Dios, y encontrarnos con Dios y escuchar su voz. El enfoque de toda oración es encontrarnos con Dios. Es el lugar de encuentro divino. Nuestra prioridad siempre debe ser, en primer lugar, oír a Dios. Tome las Escrituras consigo y arrodíllese ante él con las Escrituras abiertas en anticipación de lo que Dios hablará a su corazón. Cada mañana, mientras nos sentamos ante el Creador y Rey, nuestra prioridad debe ser escuchar su voz a fin de siempre obedecer su voluntad.

La Hora del Incienso tiene aun más que enseñarnos. Dos símbolos importantísimos de este tiempo eran el incienso y las piedras preciosas en el pectoral del sacerdote. El incienso representaba las oraciones del pueblo de Dios. *"...Todos tenían arpas, y copas de oro llenas de incienso, que son las oraciones de los santos"* (Apocalipsis 5:8). Preste atención también a la mención de las arpas. Estas oraciones no eran solamente una lista de peticiones como las que hacemos hoy. Eran oraciones fundamentadas en la adoración, magnificando la persona y el carácter de Dios mientras oraban e intercedían. Este es el modelo de oración que nos legó David, y también el profeta Elíseo (2 Reyes 3:15). Es el tipo de oración que conmueve el corazón de Dios, o quizás yo deba decir: el olfato de Dios. La realidad que Dios vincula la oración con el símbolo del incienso indica que Dios tiene una sensibilidad espiritual, u olfato, que es tan real como nuestro sentido físico del olfato. Nuestras oraciones, si son realmente ofrecidas con sinceridad, son más deliciosas que la fragancia de una rosa. La fragancia de nuestras oraciones al amanecer, nuestra comunión con Dios, es un jardín fragante en el cuál él se deleita caminando en la mañana.

En el libro de Apocalipsis también encontramos un versículo que, en un sentido, es preocupante, pero a la vez nos anima en relación a las oraciones de la iglesia en los últimos días.

Otro ángel vino entonces y se paró ante el altar, con un in-

censario de oro; y se le dio mucho incienso para añadirlo a las oraciones de todos los santos, sobre el altar de oro que estaba delante del trono. Y de la mano del ángel subió a la presencia de Dios el humo del incienso con las oraciones de los santos (Apocalipsis 8:3-4).

Lo preocupante es que fue necesario que al ángel se le diera mucho incienso para añadir a las oraciones de los santos. Parece que las oraciones de los santos eran insuficientes para que Dios se moviera en la tierra. El ministerio de oración casi ha sido olvidado en la iglesia de hoy. Es tiempo de iluminar el altar de nuestros corazones y quemar el incienso de nuestras oraciones. La parte que nos anima en este versículo es que Dios parece estar listo para añadir lo que nos falta si simplemente estamos dispuestos a orar.

Otro símbolo importante de este primer llamado a la oración era las piedras preciosas en el pectoral. Había 12 piedras preciosas, cada piedra representaba una de las 12 tribus de Israel (Éxodo 28:21,29). Era un recordatorio divino para que el sacerdote intercediera por el pueblo según Dios les veía.

"Vosotros visteis lo que hice a los egipcios, y cómo os tomé sobre alas de águilas, y os he traído a mí. Ahora, pues, si diereis oído a mi voz, y guardareis mi pacto, vosotros seréis mi especial tesoro sobre todos los pueblos; porque mía es toda la tierra. Y vosotros me seréis un reino de sacerdotes, y gente santa" (Éxodo 19:4-6).

Debemos interceder por nuestros hermanos y hermanas recordando cómo Dios les ve. Tenemos un valor tan increíble para Dios que nos llama su "especial tesoro", y nos dio a su Hijo como rescate (1 Timoteo 2:6). Cuando nos despertamos en la mañana para orar, necesitamos recordarnos cómo Dios nos ve, como sus hijos. Si nosotros, como padres imperfectos, miramos a nuestros hijos imperfectos con orgullo y gozo, justo antes de despertarles, solo imagine cómo Dios nos mira en Cristo.

Físicamente no tenemos un pectoral de piedras preciosas para recordarnos esta realidad mientras oramos, pero debemos pedir a Dios que ilumine los ojos de nuestro hombre interior espiritual, para que veamos esta realidad en el reino espiritual (Efesios 1:18). Es mediante nuestra intercesión, cuando comenzamos a vernos a nosotros mismos y a aquellos por los que oramos como especial tesoro de Dios, que seremos usados para levantar a otros como parte del reino de sacerdotes. El reino de Dios se volverá gloriosamente activo en la tierra cuando el reino de sacerdotes se vuelva activo en la intercesión. Dios se ha auto-limitado para gobernar solo mediante nuestra intercesión en Cristo Jesús. Por esta razón murió Cristo.

> *"Digno eres de tomar el libro y de abrir sus sellos; porque tú fuiste inmolado, y con tu sangre nos has redimido para Dios, de todo linaje y lengua y pueblo y nación; y nos has hecho para nuestro Dios reyes y sacerdotes, y reinaremos sobre la tierra" (Apocalipsis 5:9-10).*

Si no vemos el reino de Dios vibrante y activo en las comunidades, ciudades, y naciones en que vivimos, es porque la iglesia aún no se ha percatado de esta verdad vital. Solo veremos llegar su reino y se hará su voluntad en la tierra como en el cielo cuando el pueblo de Dios se una en intercesión (Mateo 6:10). En este primer llamado a la oración matinal debemos ser conductos para sincronizar lo que sucede en la tierra con lo que ocurre en los cielos. Para hacerlo, primero debemos creer que nos encontraremos con el Dios soberano como resultado del sacrificio del Cordero, y que oiremos de él. Debemos creer que Dios honrará, con sus recursos celestiales, cada iniciativa que hagamos en oración. Debemos creer que él iluminará nuestros ojos para ver a nuestra familia espiritual, la iglesia, según él la ve, sin los filtros de los prejuicios humanos, el orgullo, y la competencia. Veremos y oraremos por ellos como realmente son en

Cristo: perdonados, amados, y transformados para ser un reino de sacerdotes a fin de gobernar en la tierra mediante la oración y la intercesión. Uno a uno, todos aquellos por los que usted ha orado se le unirán para tomar su posición real sentados con Cristo en los reinos celestiales mientras comienza un poderoso movimiento de oración. (Efesios 2:6).

Preguntas para Reflexionar:

1. ¿Por qué piensa usted que Dios estableció que temprano en la mañana (a las 6 a.m.), y avanzada la tarde (a las 6 p.m.), fueran los momentos en que se encontraría con su pueblo y hablaría con ellos? (Éxodo 29: 42,43)

2. ¿Cómo es que la comprensión de la oración como un incienso espiritual y como un acto de adoración influenciará su modo de orar? (Apocalipsis 5:8)

3. Explique, ¿cómo es que el símbolo del pectoral del sacerdote cambiará su forma de orar por otros creyentes?

4. ¿Cómo es que su identidad como miembro del reino de sacerdotes de Cristo le motiva a interceder por el mundo en que vive? (Apocalipsis 5:9-10)

La Hora Tercera (9 a.m.)

El siguiente llamado a la oración es "La Tercera Hora" (9 a.m.). Fue durante este tiempo que los creyentes estuvieron orando en el aposento alto, esperando la promesa de la unción real del Espíritu Santo para ser testigos del reino de Cristo ante el mundo. *"Porque éstos no están ebrios, como vosotros suponéis, puesto que es la hora tercera del día" (Hechos 2:15)*. En el idioma original, la traducción de algunas versiones como las "nueve de la mañana" se lee "la hora tercera".[36] El Señor Jesús, sentado a la diestra de Dios derramó esta unción del Espíritu sobre ellos como evidencia de su soberanía y autoridad. *"Así que, exaltado por la diestra de Dios, y habiendo recibido del Padre la promesa del Espíritu Santo, ha derramado esto que vosotros veis y oís" (Hechos 2:33)*. Ellos recibieron esta unción real para poder comenzar a ejercitar su rol como reino de sacerdotes, no solo para interceder, sino también para testificar de la realidad del reino de Jesús. Sus oraciones y palabras estarían confirmadas por señales y maravillas como evidencias de que el Rey Jesús estaba realmente vivo y a la diestra de Dios. (Marcos 16:19-20). La oración de fe para recibir la unción real del Espíritu Santo es tan vital hoy como entonces. Y Jesús nos dice cómo: *"Pues si vosotros, siendo malos, sabéis dar buenas dádivas a vuestros hijos, ¿cuánto más vuestro Padre celestial dará el Espíritu Santo a los que se lo pidan?" (Lucas 11:13)*. La unción es recibida por fe, como todos los dones de

En la hora tercera, Jesús fue crucificado. Cincuenta y dos días después, en la hora tercera, él derramó la unción de poder del Espíritu Santo.

---

36   Alfred Marshall, *The NRSV-NIV Parallel New Testament In Greek and English* (Grand Rapids, Michigan: Zondervan, 1990), p. 342.

Dios. Sin embargo, la verdadera fe es manifestada en la oración persistente, como ya hemos aprendido. ¿Cuántos cristianos viven hoy sin esta unción real porque simplemente no desean ejercitar su fe como Jesús lo ha ordenado? Dios es fiel a sus promesas. La evidencia es clara cuando recordamos cómo oraron los primeros discípulos y recibieron la unción del Espíritu Santo en el día de Pentecostés. Sin embargo, como vasos rotos, nosotros necesitamos ser llenados una y otra vez. Los primeros creyentes no solo oraron una vez por la unción real.

> *"Y ahora, Señor, mira sus amenazas, y concede a tus siervos que con todo denuedo hablen tu palabra, mientras extiendes tu mano para que se hagan sanidades y señales y prodigios mediante el nombre de tu santo Hijo Jesús." Cuando hubieron orado, el lugar en que estaban congregados tembló; y todos fueron llenos del Espíritu Santo, y hablaban con denuedo la palabra de Dios (Hechos 4:29-31).*

Además de la unción real, como reino de sacerdotes, también necesitamos la unción sacerdotal. Jesús no solo derramó la unción real sobre los discípulos a la hora tercera (9 a.m.), también fue crucificado por nuestros pecados a la hora tercera. *"Era la hora tercera cuando le crucificaron" (Marcos 15:25)*. El peligro de tener solamente la unción real (con las señales de sanidades y otras manifestaciones del Espíritu), es que podemos perder de vista cuál es el propósito de esta unción. Y el poder sin propósito puede ser peligroso. Por esa razón necesitamos la enseñanza del evangelio de Juan para recordarnos la unción sacerdotal que precedió a la unción de poder. Ocurrió el día de la resurrección, 50 días antes de Pentecostés.

> *"... Paz a vosotros." Y cuando les hubo dicho esto, les mostró las manos y el costado. Y los discípulos se regocijaron viendo al Señor. Entonces Jesús les dijo otra vez: "Paz a vosotros. Como me envió el Padre, así también yo os envío." Y habiendo dicho*

> *esto, sopló, y les dijo: "Recibid el Espíritu Santo. A quienes remitiereis los pecados, les son remitidos; y a quienes se los retuviereis, les son retenidos" (Juan 20:19b-23).*

Antes que Jesús les diera poder, les dio la unción del perdón y les comisionó para llevar el mensaje y el estilo de vida de perdón hacia otros, de la misma forma en que él se lo había hecho por ellos.

Creo, por una razón muy importante, que gran parte de la iglesia norteamericana moderna está viviendo sin la unción real de poder y autoridad. Hemos olvidado que también hemos sido comisionados con la unción del arrepentimiento y perdón, la unción sacerdotal. Jesús quiere asegurarse de que comprendamos nuestra comisión en el Espíritu Santo antes de recibir poder del Espíritu Santo. Jesús lo mostró claramente a sus discípulos antes de decirles que esperaran por la unción real de poder:

> *"...fue necesario que el Cristo padeciese, y resucitase de los muertos al tercer día; y que se predicase en su nombre el arrepentimiento y el perdón de pecados en todas las naciones, comenzando desde Jerusalén. Y vosotros sois testigos de estas cosas. He aquí, yo enviaré la promesa de mi Padre sobre vosotros; pero quedaos vosotros en la ciudad de Jerusalén, hasta que seáis investidos de poder desde lo alto" (Lucas 24:46-49).*

En la hora tercera, Jesús fue crucificado. Cincuenta y dos días después, en la hora tercera, él derramó la unción de poder del Espíritu Santo. Mientras comenzamos a ejercer nuestra nueva identidad como reino de sacerdotes en la oración matutina, haríamos bien en acordarnos de orar, a las 9 a.m., por una unción fresca del Espíritu para nosotros mismos y para la iglesia. Pero recordemos el orden de la unción - la unción sacerdotal de perdón, y luego la unción real de poder. La falta de arrepentimiento y perdón bloqueará cualquier derramamiento de la unción de poder para sanidad u otras manifestaciones del poder de Cristo.

El mismo nombre de nuestro Señor en que oramos, y su orden, Jesucristo, confirma esta verdad. El primer nombre de Jesús significa: *"él salvará a su pueblo de sus pecados" (Mateo 1:21)*. Cristo significa "Ungido, Rey" (Mateo 2:2; Lucas 2:11). Para que nuestras oraciones sean escuchadas y respondidas en el nombre de Jesucristo, deben seguir el orden divino y los títulos por los que fue enviado el Hijo de Dios. Jesús vino como el Sacerdote de perdón, y luego como el Rey de poder. Santiago lo declara en su carta cuando escribe acerca de la oración: *"Confesaos vuestras ofensas unos a otros, y orad unos por otros, para que seáis sanados. La oración eficaz del justo puede mucho" (Santiago 5:16)*. El intercesor debe ser limpiado antes de que pueda ser llenado con poder. El poder de la resurrección confirma la verdad de la cruz.

El cumplimiento de la reedificación del tabernáculo de David solo será alcanzado en Cristo como Sumo Sacerdote y Rey.[37] Y es alcanzado en el cuerpo de Cristo cuando recordamos y buscamos esta doble unción. En el tabernáculo de David, tanto el rey como el sacerdote estaban delante del arca de la presencia de Dios, ministrando en oración y alabanzas. David estaba ante el arca como rey. Sin embargo, es interesante notar que, solo en esta ocasión, David no apareció vestido en sus vestimentas reales, sino con las vestimentas de los levitas. Estaba vestido como un sacerdote, llevando el efod. *"Y David iba vestido de lino fino, y también todos los levitas que llevaban el arca..., Llevaba también David sobre sí un efod de lino" (1 Crónicas 15:27)*. Era un acto profético concerniente a un evento futuro. En Cristo, el Hijo de David, los dos oficios fueron unidos y ahora son liberados mediante aquellos a quienes él ha redimido para que sean un reino de sacerdotes. El gobierno de Cristo se extenderá

---

[37] Kevin J. Conner and Ken Malmin, *The Covenants: The Key To God's Relationship With Mankind* (Portland, Oregon: City Bible Publishing, 1983), p. 67.

por toda la tierra, no por fuerza militar, sino mediante una poderosa unción de arrepentimiento y perdón. Entonces, nuestro mensaje será confirmado por una unción real de señales y maravillas.

Al estudiar la historia de los avivamientos, no debiera sorprendernos que la característica fundamental del mover del Espíritu Santo haya sido un arrepentimiento profundo y el perdón. La preparación para la venida de Cristo mediante el ministerio de Juan el Bautista era un poderoso movimiento del Espíritu Santo en arrepentimiento y perdón. La preparación para la segunda venida de Cristo no será diferente. Será un poderoso movimiento de arrepentimiento y avivamiento que barrerá a todo el planeta. No está lejos. Está esperando las oraciones unidas y enfocadas del reino de sacerdotes de Dios.

Preguntas para Reflexionar:

1. ¿Ha orado usted, personalmente, por la unción del Espíritu Santo? Si lo ha hecho, ¿qué tipo de unción esperaba recibir?

2. ¿Cómo es que la realidad de la unción sacerdotal, y la de la unción real, motivan su fe con relación a la obra del Espíritu Santo en su vida?

3. ¿Cómo pudiera esta enseñanza traer sanidad y avivamiento a su iglesia local?

4. ¿En qué forma esta enseñanza ayuda a unir en oración a creyentes de otros trasfondos cristianos?

La Hora Sexta (12 m)

El llamado a oración del mediodía, la hora sexta, no es menos significativo. Fue a la hora sexta cuando Pedro oró sobre el techo de la casa de Simón el curtidor, a la hora de almuerzo.

> *Al día siguiente, mientras ellos iban por el camino y se acercaban a la ciudad, Pedro subió a la azotea para orar, cerca de la hora sexta. (Hechos 10:9).*

Fue durante este tiempo que Dios le reveló a Pedro la visión más sorprendente que quebraría los paradigmas que tenían los primeros creyentes judíos con relación a la salvación en Cristo y las promesas del pacto. Ellos creían que, por su herencia religiosa, la buena noticia de Jesucristo era propiedad exclusiva del pueblo judío (Efesios 2:12). Obedecían rígidamente una lista de prácticas religiosas y sociales que existían para asegurarse de que los gentiles y los judíos no se mezclaran. Esta lista de prácticas servía como una pared divisoria, como la pared en el templo que declaraba: "Ningún extranjero puede entrar dentro de la barrera que rodea y aisla el templo. Cualquiera que sea atrapado haciéndolo tendrá que agradecer por su muerte subsecuente".[38] Como gentiles (no-judíos) esa señal era para usted y para mí también.

¿Es de sorprenderse que Dios llamara a Pedro a la oración en el mediodía, y le ordenara comer una comida que abriría las puertas para la buena noticia de Jesucristo a todas las naciones y pueblos?

La visión que Dios dio a Pedro destruyó todas las pre-

---

38   F.F. Bruce, *The New Testament Documents: Are They Reliable?* (Downers Grove, Illinois: Intervarsity Press, 1981), p 95.

suposiciones anteriores. Dios le mandó a comer comida que anteriormente había sido comida de los gentiles, la que era inmunda para los judíos. Las palabras de Dios para Pedro fueron: *"Lo que Dios limpió, no lo llames tú común" (Hechos 10:15).* El mensaje estaba claro. La buena noticia de salvación y las promesas del pacto también eran para los gentiles. En Jesucristo, ya no eran inmundos ante Dios. En ese mismo momento, algunos siervos de un centurión romano llegaron para llevar a Pedro a su casa a fin de que compartiera la buena noticia de salvación en Cristo.

Este no fue el primer evento rompedor de paradigmas que ocurrió al mediodía. Muchos años antes, Jesús mismo se sentó en un pozo en Samaria, a la hora del mediodía.

> *Y le era necesario pasar por Samaria. Vino, pues, a una ciudad de Samaria llamada Sicar, junto a la heredad que Jacob dio a su hijo José. Y estaba allí el pozo de Jacob. Entonces Jesús, cansado del camino, se sentó así junto al pozo. Era como la hora sexta (Juan 4:4-6).*

La declaración de que a Jesús "le era necesario pasar por Samaria", no se refería a una necesidad geográfica, sino espiritual. Todos los judíos evitaban Samaria, la "provincia inmunda", rodeándola para llegar a Galilea. Aunque los samaritanos eran medio judíos, eran considerados inmundos como los gentiles. Ya no eran considerados judíos, sino gentiles, porque su sangre estaba mezclada y tenían creencias sincréticas. La determinación de Jesús a pasar por Samaria debió sorprender a los discípulos. Jesús no estaba satisfecho solo con romper las barreras geográficas. Su propósito era romper las barreras sociales, y aun más importante, las barreras espirituales. Y así fue. A la hora sexta, la hora del almuerzo, Jesús se sentó junto a un pozo para hablar con una samaritana "impura". Para echar más vinagre sobre la herida, escogió una mujer y aun peor, a una mujer moralmente perdida. Nunca se había dicho de algún judío que hiciera algo similar, mucho menos un rabino. Después de identificar la necesidad de arrepentimiento que ella tenía, le ofreció el don de salvación y el del Espíritu Santo.

No nos atrevamos a perder la vista del contexto en esta actividad destructora de paradigmas. Fue a la hora sexta, a la hora de almuerzo, cuando todos los discípulos tenían algo en mente... ¡comida! ¿No nos ocurre igual a nosotros, cuando los apetitos humanos muchas veces toman prioridad sobre los apetitos espirituales? Tenían hambre. Jesús estaba físicamente hambriento, cansado, y débil como ellos (Juan 4:6,8). Sin embargo, su interés no era el almuerzo. Cuando los discípulos retornaron pragmáticos y con incredulidad, porque le descubrieron compartiendo la buena noticia del reino con una mujer samaritana, le dijeron: *"Rabí, come" (Juan 4:31)*. Pero la respuesta de Jesús señaló un apetito celestial y un almuerzo celestial que estaba disfrutando ámpliamente.

> *"Yo tengo una comida que comer, que vosotros no sabéis... Mi comida es que haga la voluntad del que me envió, y que acabe su obra. ¿No decís vosotros: Aún faltan cuatro meses para que llegue la siega? He aquí os digo: Alzad vuestros ojos y mirad los campos, porque ya están blancos para la siega" (Juan 4:32-35).*

El momento en que ocurrió este evento y el momento en que ocurrió la oración de Pedro en el techo no es simple coincidencia. Hay una lección espiritual crítica para nuestra oración y obediencia resultante mientras pensamos en la hora del almuerzo. Cuando nuestros apetitos físicos comienzan a llamar, también el cielo nos llama. Porque fue a comienzos de esta hora sexta, cuando Jesús difícilmente podía moverse, clavado a la cruz, que una densa tiniebla cubrió la tierra.

> *Y desde la hora sexta hubo tinieblas sobre toda la tierra hasta la hora novena. Cerca de la hora novena, Jesús clamó a gran*

> *voz, diciendo: "Elí, Elí, ¿lama sabactani?" Esto es: "Dios mío, Dios mío, ¿por qué me has desamparado?" (Mateo 27:45-46).*

Fue al comienzo de la hora sexta (al mediodía) que Jesús, el Cordero de Dios, tomó el pecado del mundo (Juan 1:29). Dios echó sobre él nuestra iniquidad (Isaías 53:6), la de los judíos y los gentiles por igual.

¿Es de maravillarnos que Jesús escogiera el mediodía para retar las prioridades y prejuicios de sus discípulos y convocarles a cosechar entre aquellos a quienes habían excluido socialmente? ¿Es de sorprenderse que Dios llamara a Pedro a la oración en el mediodía, y le ordenara comer la comida que abriría las puertas para la buena noticia de Jesucristo a todas las naciones y pueblos? ¿Es de sorprenderse que debiéramos considerar orar al mediodía para que nuestros anhelos sean alineados con los anhelos de Jesús y de los primeros creyentes?

Quisiera que nuestros apetitos fueran como los de Pedro y Jesús, intercediendo al mediodía por las naciones, abriéndose paso en medio de las ataduras que han obstaculizado la buena noticia de Cristo. Entonces debiéramos estar listos para dar fundamento a nuestras oraciones.

> *Entonces dijo a sus discípulos: "A la verdad la mies es mucha, mas los obreros pocos. Rogad, pues, al Señor de la mies, que envíe obreros a su mies." Entonces llamando a sus doce discípulos, les dio autoridad sobre los espíritus inmundos, para que los echasen fuera, y para sanar toda enfermedad y toda dolencia (Mateo 9:37-10:1).*

Jesús pidió a sus discípulos que oraran para que el Señor de la mies enviara obreros. Y luego, Jesús envió a los mismos discípulos a quienes había pedido que oraran. Uno de los grandes beneficios de la oración por la cosecha de las naciones es que Jesús también nos dará la autoridad para hacer la misma obra por la que oramos.

¿Recuerdan aquella pared separadora en el templo con su señalización sentenciando a los gentiles? ¡Declaraba una separación intransitable entre nosotros como gentiles y Dios! Un día en el templo, justo fuera del muro divisor, algunos gentiles se acercaron a los discípulos de Jesús y le preguntaron si podrían verle. *"Señor, quisiéramos ver a Jesús" (Juan 12:21).* ¿Habrían percibido en sus corazones la verdadera identidad de Jesús? Uno de los discípulos, Felipe, fue a contarle a Jesús. Escuche la respuesta de Jesús: *"Ha llegado la hora para que el Hijo del Hombre sea glorificado..... Ahora está turbada mi alma; ¿y qué diré? ¿Padre, sálvame de esta hora? Mas para esto he llegado a esta hora" (Juan 12:23,27).* El deseo en los gentiles griegos de ver a Jesús señaló la hora para que el Cordero tomara el pecado del mundo. Fue la hora que derrumbaría para siempre la pared divisoria y abriría el camino para que las naciones se acercaran a Dios (Efesios 2:14-16). La próxima vez que almuerce, recuerde que fue esta la hora que cambió su destino y el mío. ¿Será usted parte de un movimiento de oración al mediodía para interceder por el destino de las naciones?

Preguntas para Reflexionar:

1. A menudo asociamos la comida con una cultura o una nacionalidad. ¿Cómo usó Dios el mediodía y el tema de la comida para revelar a Pedro su voluntad para las naciones? (Hechos 10:9-16)

2. ¿Por qué piensa usted que Jesús escogió el tema del mediodía y del almuerzo para revelar a sus discípulos su pasión para alcanzar a los no-judíos? (Juan 4:32-35)

3. ¿Cómo cambiará la pasión de Cristo para salvarle a usted, la manera en la cual usted piensa de sus propias pasiones y prioridades?

4. Dios fue creativo a fin de dar a conocer el mensaje del mediodía concerniente a las naciones. ¿Cuáles pudieran ser algunos modos creativos en que usted pueda convertir a las 12 del mediodía en un momento importante para sí y para su iglesia a fin de que oren por las naciones?

La Hora Novena (3 p.m.)

El llamado a orar a la hora novena, a las 3 de la tarde, fue establecido por el pueblo judío para la oración en el templo. Cuando Pedro y Juan sanaron al paralítico en la puerta la Hermosa, en el nombre de Jesús (Hechos 3:2), lo hicieron mientras iban a la oración de la tarde. *"Pedro y Juan subían juntos al templo a la hora novena, la de la oración"* (Hechos 3:1).

Hay evidencia en el Antiguo Testamento para las oraciones diurnas al amanecer y al atardecer (las horas de incienso). También hay evidencia de oración al mediodía en la disciplina de oración de David (al amanecer, al mediodía, y al atardecer). Sin embargo, no hay evidencia clara en el Antiguo Testamento de cuándo y cómo se estableció la oración de la tarde. Sabemos que Daniel oraba tres veces al día, orando en otro momento además de las dos horas de incienso (Daniel 6:10,12). Es posible, partiendo de esta inferencia, que la oración de la tarde ya existiera antes de la época de la iglesia primitiva. Es posible también que, al igual que David, Daniel orara al mediodía. Cualquiera que fuera el caso, es claro que para el tiempo de Cristo y los primeros creyentes, la oración de la tarde a la hora novena (3 p.m.) estaba reconocida oficialmente en el llamado a la oración.

Fue a la hora novena, o a las 3 p.m., que el velo que cubría el Lugar Santísimo fue rasgado en dos por la misma mano de Dios.

Además del ejemplo de Pedro y Juan, descubrimos a Cornelio, el centurión Romano que amaba a Dios, orando fielmente a las 3 de la tarde.

> *Había en Cesarea un hombre llamado Cornelio, centurión de la compañía llamada la Italiana, piadoso y temeroso de Dios con toda su casa, y que hacía muchas limosnas al pueblo, y oraba a Dios siempre. Este vio claramente en una visión, como a la hora novena del día, que un ángel de Dios entraba donde él estaba, y le decía: "Cornelio" (Hechos 10:1-3).*

Fue en este momento específico que el ángel le dijo a Cornelio que enviara a un hombre a Jope hasta la casa donde Pedro estaba hospedado. Pedro regresaría y le explicaría a Cornelio la buena noticia de salvación en Cristo. El camino había sido abierto para que Cornelio y todos los gentiles recibieran perdón y fueran reconciliados con Dios mediante Jesucristo. ¿Por qué envió Dios a un ángel a la hora novena (3 p.m.) para contestar la oración de Cornelio? ¿Por qué el autor especifica la hora en que ocurrió? La razón es profundamente simple, y sin embargo transformadora. La obra de Cristo en la cruz repercute en todas las horas del llamado a la oración. Sin embargo, la obra gloriosa de Cristo en la hora novena es tan significativa en cuanto a la oración que debemos considerarla con mayor atención.

Mateo, el discípulo de Jesús, describe la importancia divina de esta hora. Su revelación debiera emocionarnos a nosotros tanto como al ángel que fue enviado a hablar a Cornelio durante la oración de la tarde (3 p.m.).

> *Cerca de la hora novena, Jesús clamó a gran voz, diciendo: "Elí, Elí, ¿lama sabactani?" Esto es: "Dios mío, Dios mío, ¿por qué me has desamparado?" ... Más Jesús, habiendo otra vez clamado a gran voz, entregó el espíritu. Y he aquí, el velo del templo se rasgó en dos, de arriba abajo (Mateo 27: 46, 50, 51).*

Fue a la hora novena, o a las 3 p.m., que el velo que cubría el Lugar Santísimo fue rasgado en dos por la misma mano de Dios. Por este acto, Dios estaba declarando que el precio por el pecado había sido pagado de una vez y por todas, mediante el sacrificio de Cristo. Dios había extendido abiertamente el perdón y la reconciliación para todos. El acceso directo al trono de la gracia de Dios ahora estaba abierto para todos. La realidad de un nuevo camino hacia la presencia de Dios en Cristo, es afirmada con más claridad en el libro a los Hebreos.

Así que, hermanos, teniendo libertad para entrar en el Lugar Santísimo por la sangre de Jesucristo, por el camino nuevo y vivo que él nos abrió a través del velo, esto es, de su carne, y teniendo un gran sacerdote sobre la casa de Dios, acerquémonos con corazón sincero, en plena certidumbre de fe (Hebreos 10:19-22).

Acerquémonos, pues, confiadamente al trono de la gracia, para alcanzar misericordia y hallar gracia para el oportuno socorro (Hebreos 4:16).

Por encima de todos los llamados a la oración, la hora novena (3 p.m.) nos invita a experimentar la realidad de nuestro acceso directo a la presencia de Dios. Moisés escaló dos veces una montaña y ayunó 40 días, clamando a Dios para que mostrara su gloria. Rogó a Dios que su presencia fuera con la nación. Dios escuchó, y su presencia les acompañó, pero con una condición no negociable. Él les recordó que, a causa del pecado, ellos no podrían entrar en su presencia. El velo fue puesto y el camino aún no estaba abierto. Una vez al año, había un sacrificio en el cual un sumo sacerdote se presentaría ante el arca de la presencia de Dios con la sangre de un sacrificio intachable. Era una ceremonia profética señalando el día en que Jesús aparecería con su propia sangre sacrificada ante Dios, y quitaría para siempre la separación de culpa y vergüenza. Abriría un nuevo camino de acceso directo hacia Dios.

No necesitamos escalar el Monte Sinaí, o ayunar 40 días para llegar hasta la gloriosa presencia de Dios. Podemos entrar humildemente, con confianza y certeza de que seremos recibidos. El tabernáculo de David, sin su velo, era un símbolo profético de esta realidad que ahora nos pertenece. Y por eso David pudo escribir con confianza. *"Los sacrificios de Dios son el espíritu quebrantado; Al corazón contrito y humillado no despreciarás tú, oh Dios" (Salmos 51:17).* El llamado de oración de las 3 de la tarde debiera ser un ejercicio espiritual diario donde caminemos agradecidos hacia la presencia de Dios por el camino nuevo y vivo ofrecido en Cristo. Es el único camino abierto hacia Dios, cuando venimos humildemente mediante la fe en la provisión de Cristo y no dejamos algún pecado sin confesar en el camino. Es tiempo de que podamos disfrutar la presencia de Dios y nuestra recientemente descubierta relación con él como sus elegidos e hijos.

Mientras disfrutamos nuestra nueva relación con Dios, reconciliados por la sangre de Cristo, debemos recordar el lugar en donde nos encontramos y con quién estamos. Estamos delante del trono de Dios ubicados en la presencia del Rey Jesucristo. El amor de Dios en Cristo Jesús para nosotros, y nuestro amor para él también conlleva implicaciones y responsabilidades. El amor verdadero del reino se refleja en adoración y servicio. Cuando Dios mandó al Faraón mediante su siervo Moisés: *"Deja ir a mi pueblo, para que me sirva"* en una versión de la Biblia se traduce "sirva" (RV1960) y en otra versión se traduce "rinda culto" (NVI 1999). La razón es que la palabra "abad" en el hebreo del Antiguo Testamento que significa "rendir culto" o "adorar" también significa "servir".[39] En el Nuevo Testamento la palabra en el griego para "adorar" es "latreia" y también significa "servir".[40] Las implicaciones son obvias. De igual manera que Dios rescató y liberó al pueblo hebreo para adorar y servirle, también a nosotros nos rescató y liberó del dominio de la oscuridad para adorar y servirle. El Apóstol Pablo nos aclara esta realidad en la carta a los Efesios 2: 6-10:

---

39   J. Strong, "abad," (Strong´s Hebrew # 05647). .

40   J Strong, "latreia," (Strong´s Hebrew # 2999).

> *...y juntamente con él nos resucitó, y asimismo nos hizo sentar en los lugares celestiales con Cristo Jesús...Porque por gracia sois salvos por medio de la fe; y esto no de vosotros, pues es don de Dios; no por obras, para que nadie se gloríe. Porque somos hechura suya, creados en Cristo Jesús para buenas obras, las cuales Dios preparó de antemano para que anduviésemos en ellas.*

Nos acercamos al trono de Dios para adorarle pero salimos para servirle haciendo las obras de justicia, que él nos preparó desde antes de la fundación del mundo. El propósito de nuestra existencia y de la salvación en Cristo es adorar a Dios y servirle a él.

El hecho de que Dios nos haya extendido el acceso directo a su trono y reino, mediante el arrepentimiento, requiere que nosotros representemos su reino en el mundo. Debemos actuar como sus representantes y así ver la realidad de su reino manifestarse y extenderse en el mundo en donde vivimos. Los hijos de Israel habían creado en sus mentes y vidas una separación entre la adoración y la vida cotidiana en la sociedad. Fue un error fatal que también la iglesia está cometiendo hoy en día. La voz de Dios a través del profeta Isaías enfatiza esta realidad.

> *"Cuando extendáis vuestras manos, yo esconderé de vosotros mis ojos; asimismo cuando multipliquéis la oración, yo no oiré; llenas están de sangre vuestras manos...dejad de hacer lo malo; aprended a hacer el bien; buscad el juicio; restituid al agraviado, haced justicia al huérfano, amparad a la viuda. Venid luego,"* dice Jehová, *"y estemos a cuenta: si vuestros pecados fueren como la grana, como la nieve serán emblanquecidos; si fueren rojos como el carmesí, vendrán a ser como blanca lana"* (Isaías 1:15-18).

El concepto del trono y del reino de Dios no permite tal separación. Las nuevas generaciones han sentido la urgencia de corregir este error, y están tomando pasos para hacerlo. La iglesia de las últimas generaciones antes que la segunda venida de Cristo será una que realmente ama y adora a Dios por un estilo de vida de oración y arrepentimiento. Y tal oración y arrepentimiento serán vistos por un testimonio con denuedo acompañado por hechos de justicia que realmente reflejen el reino de Dios. Cuando levantamos las manos nuestras en oración delante del trono de la justicia, debemos recordar las palabras de Dios mediante el profeta Isaías y del Apóstol Pablo. Mientras nos acercamos a él, debemos recordar que él nos salvó para unos propósitos grandes y gloriosos, para adorarle a él y para servirle cumpliendo con las obras de justicia que él nos preparó desde antes de la fundación del mundo.

El Tiempo En Las Oraciones Del Nuevo Testamento

Preguntas para Reflexionar:

1. Un tiempo de oración establecido en la práctica religiosa judía fue las 3 p.m.. ¿Cómo es que aquel momento de oración ganó una importancia de proporciones inmensurables para las oraciones de la iglesia primitiva? (Mateo 27: 46, 50, 51)

2. ¿Qué evidencia hay del impacto espiritual de la obra de Cristo a las 3 p.m. y de los resultados de orar a las 3 p.m.? (Hechos 3:1-10; Hechos 10:1-8)

3. ¿Cómo es que las acciones de Dios al rasgar el velo, y de Cristo al abrir un nuevo camino vivo hacia la presencia del Padre, impactarán la manera en que usted ora a las 3 p.m.? (Hebreos 10:19-21; 4:16)

4. ¿Cómo podemos asegurar que nuestras oraciones en el nombre de Cristo realmente reflejen y representen el trono de Dios y su reino en el mundo en donde vivimos?

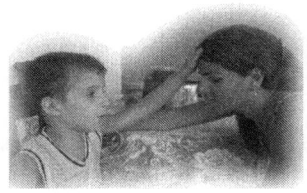

La Primera Vigilia (6 p.m.)

De la misma forma en que el amanecer era la señal para el llamado a la oración matutina a "la hora del incienso", así el atardecer era el llamado a oración para la hora nocturna del incienso. Era en esa hora que el sacerdote entraba en el Lugar Santo para iluminar la lámpara que estaba delante del Señor. Debía ofrecer incienso e interceder por el pueblo. Como mencionamos anteriormente, con el reloj romano de 24 horas y los bloques de tres horas de tiempo, la hora nocturna del incienso se convirtió en el llamado a la oración de las 6 p.m. Era el comienzo de la primera de cuatro vigilias nocturnas. El pueblo judío tomó con seriedad la necesidad de vigilar en oración, porque Dios había vigilado sobre ellos la noche en que fueron guiados para ser librados de los egipcios (Éxodo 12:42). *"No dará tu pie al resbaladero, ni se dormirá el que te guarda. He aquí, no se adormecerá ni dormirá El que guarda a Israel"* (Salmos 121:3,4). Cuando tomamos con seriedad el concepto de vigilias nocturnas de oración, vigilando en la dimensión espiritual por nosotros mismos y a favor de otros, estamos uniendo nuestros corazones con el corazón vigilante de Dios.

Mientras Jesús oraba por sus disicipulos y por nosotros, como los nuevos hijos, también cumplía las instrucciones del libro de Lamentaciones que exhortaba a orar por los hijos en la primera vigilia de la noche.

. Jesús enfatizó la importancia de las vigilias de oración en la vida de sus seguidores.

"Velad, pues, porque no sabéis cuándo vendrá el señor de la casa; si al anochecer, o a la medianoche, o al canto del gallo, o a la mañana; para que cuando venga de repente, no os halle

durmiendo. Y lo que a vosotros digo, a todos lo digo: Velad."
(Marcos 13:35-37).

Fíjese que Jesús menciona cuatro vigilias nocturnas de oración que tienen que ver con las vigilias nocturnas romanas. La primera vigilia de 3 horas terminaba al anochecer (o a las 9 p.m.). La segunda terminaba a la medianoche. La tercera terminaba a la hora que los romanos llamaban el "canto del gallo", o las 3 a.m.. No era un canto de gallo real. El soldado romano asignado para esa vigilia sonaba una trompeta dos veces para señalizar el fin de la penúltima vigilia y el comienzo de la cuarta y última vigilia.[41] Por esa razón, la tercera vigilia era llamada "el canto del gallo". Lo importante es que Jesús enfatizó todas las vigilias en términos de oración, comenzando con la primera vigilia.

La primera vigilia que comenzaba a las 6 p.m. y terminaba aproximadamente al anochecer (9 p.m.), debió ser el tiempo en que Jesús celebró la cena de la pascua o última cena.[42] Mientras que el día romano comenzaba y terminaba al amanecer, el día judío comenzaba y terminaba al atardecer (6 p.m.). El sábado de pascua debió comenzar a las 6 p.m. de una tarde de viernes. Fue entonces que los judíos celebraban la cena de la pascua, en la primera vigilia.[43] La cena de la pascua era algo que se celebraba como familia, los padres con los hijos, como una manera de cumplir el mandamiento de Dios de que la liberación de la pascua fuera recordada de generación en generación (Éxodo 12:26,27)[44]. Se contaría la historia de cómo Dios vigiló sobre los israelitas, protegiéndoles del Ángel de la Muerte, mediante la

---

41   Alister McGrath, "New Testament," *Christianity: An Introduction* (Malden, Mass.: Blackwell Publishing, 2006), p. 89.

42   *Nueva Versión Internacional* (Miami, Florida: Sociedades Bíblicas, 1999).

43   Jesús debió haber celebrado la cena con sus discípulos la noche anterior (el jueves), para cumplir con su misión para ofrecerse como el Cordero de Dios en el día de la pascua.

44   Eric Peter Lipson, *Passover Haggadah* (San Francisco: JFJ Publishing, 1986), p. 8.

sangre del cordero que ellos habían aplicado sobre sus umbrales. Y entonces Dios vigiló por ellos y les protegió de Faraón mientras eran libertados y guiados fuera de Egipto.

Esa noche con Jesús, la cena de la pascua tenía la intención de revelar su propósito más pleno mientras el verdadero Cordero de la Pascua celebraba con los verdaderos hijos de Dios. El Cordero de la Pascua ya no era un símbolo de recuerdo, sino una realidad viviente. La cena terminó con Jesús orando por sus discípulos y por nosotros, los verdaderos hijos, para que Dios vigilara sobre nosotros y nos protegiera de Satanás y del pecado en esta nueva liberación (Juan 17:15). Fundamentalmente, oró para que ellos y nosotros estuviéramos unidos en amor (Juan 17:23,24). Mientras Jesús oraba por sus discípulos y por nosotros, como los nuevos hijos, también cumplía las instrucciones del libro de Lamentaciones que exhortaba a orar por los hijos en la primera vigilia de la noche.

Levántate, da voces en la noche, al comenzar las vigilias; Derrama como agua tu corazón ante la presencia del Señor; Alza tus manos a él implorando la vida de tus pequeñitos, Que desfallecen de hambre en las entradas de todas las calles (Lamentaciones 2:19).

Jesús no solo oró para el cumplimiento de este pasaje, sino que se ofreció a sí mismo como el pan del Nuevo Pacto para los hijos (el único pan que satisface nuestra hambre interior). Él es el pan de los niños que trae vida y sanidad (Marcos 7:27; Juan 6:48-50).

Al enfocarnos en la primera vigilia, que también era llamada la hora nocturna del incienso, es importante notar que el ministerio de intercesión de Zacarías (Lucas 1:8-10) pudo haber ocurrido a la hora del incienso de la mañana o la de la noche. Sin embargo, el hecho de que el arcángel Gabriel viniera con un mensaje a Zacarías en respuesta a sus oraciones por un niño, indica que lo más probable es que fuera a la hora nocturna del incienso, a la primera vigilia, cuando las oraciones y la intercesión eran específicamente para los niños.

> "Zacarías, no temas; porque tu oración ha sido oída, y tu mujer Elisabet te dará a luz un hijo, y llamarás su nombre Juan. Y tendrás gozo y alegría, y muchos se regocijarán de su nacimiento; porque será grande delante de Dios. No beberá vino ni sidra, y será lleno del Espíritu Santo, aun desde el vientre de su madre. Y hará que muchos de los hijos de Israel se conviertan al Señor Dios de ellos. E irá delante de él con el espíritu y el poder de Elías, para hacer volver los corazones de los padres a los hijos, y de los rebeldes a la prudencia de los justos, para preparar al Señor un pueblo bien dispuesto" (Lucas 1:13-17).

Gabriel vino con una respuesta que estaba mucho más allá de lo que Zacarías pudo soñar alguna vez. No solo tendrían un hijo cuando asumían haber sido olvidados por Dios, sino que su hijo sería un precursor del Salvador. Iría delante del Mesías para preparar el camino para Salvación.

Esta respuesta debiera motivarnos a orar por las próximas generaciones, sabiendo que Dios desea respondernos a fin de que nuestras oraciones se fusionen con sus grandes planes. Los planes de Dios para nuestros hijos, físicos o espirituales, no son solo que sean hijos ordinarios, sino que sus vidas sean poderosas en extender su reino y preparar el mundo para la segunda venida de Cristo. Dios está buscando más precursores como Juan. Jesús dijo:

> "De cierto os digo: Entre los que nacen de mujer no se ha levantado otro mayor que Juan el Bautista; pero el más pequeño en el reino de los cielos, mayor es que él. Desde los días de Juan el Bautista hasta ahora, el reino de los cielos sufre violencia, y los violentos lo arrebatan" (Mateo 11:11-12).

Zacarías oró con poca fe, pero oró. Y Dios respondió más allá de sus expectativas.

Mientras buscamos responder a este llamado a orar por los niños como Zacarías, soltando la voluntad y plan de Dios en sus vidas, debemos considerar las implicaciones de nuestro papel en el plan de Dios. Fíjese en las palabras del arcángel Gabriel, respondiendo a Zacarías. *"E irá delante de él con el espíritu y el poder de Elías, para hacer volver los corazones de los padres a los hijos, y de los rebeldes a la prudencia de los justos, para preparar al Señor un pueblo bien dispuesto"* (Lucas 1:17). Mediante esta declaración el arcángel Gabriel estaba citando y declarando el cumplimiento de la última profecía del Antiguo Testamento en Malaquías 4:5. La única variación entre sus palabras y la profecía se encuentra cuando cambió las palabras *"y el corazón de los hijos hacia los padres"* para decir *"de los rebeldes a la prudencia de los justos"*. Así el arcángel Gabriel reveló que la desobediencia, rebelión y el pecado en la próxima generación tienen sus raíces en las roturas emocionales con la previa generación. Dios tenía un plan para que Juan fuera un instrumento para traer arrepentimiento y justicia, por medio de la restauración y reconciliación de las relaciones entre los padres y los hijos, entre una generación y otra. Fue el ministerio que iba a preparar el camino para la primera venida de Cristo. No obstante Zacarías tuvo que orar. Será este mismo ministerio que preparará el camino para la segunda venida de Cristo.

La mejor manera para iniciar la reconciliación con nuestros hijos es orar por ellos, para que Dios se mueva en nuestros corazones y en los suyos, haciendo volver el corazón del uno al otro, como padre e hijo. Así el camino se abrirá para un mover de arrepentimiento entre las generaciones y un avivamiento de justicia y prudencia en nuestros días. Fueron las oraciones de Zacarías que Dios usó para soltar un ministerio poderoso de arrepentimiento y reconciliación mediante su hijo. Tenemos la misma oportunidad para con nuestros hijos. ¡Que la primera vigilia sea un tiempo en que oremos por las próximas generaciones, orando por protección y liberación de Satanás y del pecado, y orando por una unidad verdadera en amor en la próxima generación de creyentes! Necesitamos orar para que descubran la profunda satisfacción que proviene de escoger el Pan de Vida en lugar de las cosas del mundo. Finalmente, necesitamos orar para que sus vidas sean poderosas como precursores que preparan al mundo para la segunda venida de Cristo. Sin embargo, tal llamado llegará a ser una realidad en sus vidas, solamente si nosotros oramos por ellos de la manera que nuestra relación se reconcilie con ellos, haciendo volver los corazones del uno al otro. Oren por las próximas generaciones. Estos serán los que se aferrarán fuertemente del reino, buscando primeramente el reino de Dios por encima de todas las cosas, sincronizando el cielo con la tierra, trayendo la voluntad de Dios en los cielos y siendo activos en los asuntos humanos en la tierra.

¡Que mediante esta generación sea hecha la voluntad de Dios, en la tierra como en los cielos!

Preguntas para Reflexionar:

1. ¿Alguna vez ha sido parte de una iglesia que ha practicado "vigilias de oración"? Explique algunas de sus experiencias.

2. Las lecciones de la pascua y de la primera vigilia están dirigidas específicamente a los niños, y también les incluyen (Éxodo 12:26, 27; Lamentaciones 2:19). ¿Cómo pudiera ser estructurada la primera vigilia en el hogar y en la iglesia para que no solo oremos por los niños, sino también los involucremos en la velada?

3. No solo se dirige la oración de la primera vigilia a los hijos físicos, sino también a los hijos espirituales. ¿Quiénes son los hijos espirituales que Dios ha puesto en su vida?

4. Describe el potencial espiritual que usted puede ver con los ojos de la fe para cada uno de sus hijos físicos y también espirituales.

5. ¿Por qué piensa usted que la reconciliación debe ser uno de los temas principales mientras oramos por nuestros hijos (carnales o espirituales)?

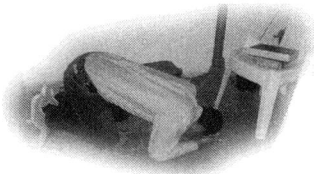

La Segunda Vigilia (9 p.m.)

A las nueve de la noche o al anochecer, comienza la segunda vigilia, que dura hasta la medianoche. Esta parece ser la vigilia de preparación espiritual, cuando Jesús acostumbraba a ir al Monte de los Olivos para orar en las semanas precedentes a su muerte. Fue una costumbre que él continuó justo hasta la noche anterior a la crucifixión. *"Y saliendo, se fue, como solía, al monte de los Olivos; y sus discípulos también le siguieron"* (Lucas 22:39). Durante esta vigilia, desde el crepúsculo vespertino hasta la medianoche, Jesús enseñó a sus discípulos la importancia de la oración para escapar de la corrupción del mundo y para serle fieles hasta el fin.

Fue en oración sobre el Monte de los Olivos, en la segunda vigilia, que Jesús venció a Satanás y sujetó su propia voluntad a la voluntad de su Padre.

> *"Velad, pues, en todo tiempo orando que seáis tenidos por dignos de escapar de todas estas cosas que vendrán, y de estar en pie delante del Hijo del Hombre." Y enseñaba de día en el templo; y de noche, saliendo, se estaba en el monte que se llama de los Olivos. Y todo el pueblo venía a él por la mañana, para oírle en el templo (Lucas 21:36-37).*

Fue en esta vigilia que Jesús exhortó a Pedro y a los otros discípulos a orar, sabiendo que en unas pocas horas la fe de ellos sería probada fuertemente.

> *Vino luego a sus discípulos, y los halló durmiendo, y dijo a Pedro: "¿Así que no habéis podido velar conmigo una hora? Velad y orad, para que no entréis en tentación; el espíritu a la*

verdad está dispuesto, pero la carne es débil" (Mateo 26:40-41).

La segunda vigilia es la vigilia de oración para la preparación espiritual con Cristo mismo. Si seremos más que vencedores en Cristo sobre las tentaciones y pruebas de la carne y del enemigo, debemos sujetar la carne a su voluntad mediante la oración en las vigilias. Jesús había pedido a los discípulos que oraran con él, y regresó luego de la primera hora para verificar, pero los encontró dormidos. Jesús se enojó porque no pudieron orar con él, ni siquiera en la primera hora de aquella vigilia. Regresó nuevamente a orar, y cuando volvió descubrió que aún estaban durmiendo. Sin decir una palabra, regresó a orar en la última hora de la vigilia (Mateo 26:43-44). Para entonces, ya era demasiado tarde para Pedro y los demás. Había llegado el enemigo, y la prueba estaba a punto de comenzar.

La oración de Jesús nos da una clara enseñanza acerca de orar en las vigilias. Él oró durante las tres horas de aquella vigilia, pero después de cada hora se acercó a los discípulos para animarles en sus oraciones. Cuando nos comprometemos a orar con Cristo, él se acerca a nosotros para animarnos. Pero cuando lo hace, necesitamos responder y no ignorar su llamado. Ignorar su llamado es correr el riesgo de quedar insatisfactoriamente preparados para la prueba. Ha habido momentos en que he quedado adormecido en mis oraciones y he escuchado una voz que me ha obligado a despertar. Mientras miro este pasaje, no tengo dudas acerca de quién me estaba despertando para orar, al menos, una hora con él.

Fue en oración sobre el Monte de los Olivos, en la segunda vigilia, que Jesús venció a Satanás y sujetó su propia voluntad a la voluntad de su Padre (Mateo 26:39,42). *"Yendo un poco adelante, se postró sobre su rostro, orando y diciendo: Padre mío, si es posible, pase de mí esta copa; pero no sea como yo quiero, sino como tú"* (Mateo 26:39). Nuestra voluntad solo se sujetará a la voluntad de Jesús, cuando oremos con él. El autor de Hebreos afirma que después que Jesús hubo consumado la voluntad de su Padre sobre la cruz, se sentó a la diestra de Dios. Luego dice: *"de ahí en adelante esperando hasta que sus enemigos sean puestos por estrado de sus pies" (Hebreos 10:13).* Para comprender más claramente este versículo, necesitamos leer además 2 Corintios 10:4,5 :

> *...porque las armas de nuestra milicia no son carnales, sino poderosas en Dios para la destrucción de fortalezas, derribando argumentos y toda altivez que se levanta contra el conocimiento de Dios, y llevando cautivo todo pensamiento a la obediencia a Cristo.*

Los enemigos mortales que buscan destruirnos no están fuera de nosotros, sino dentro de nuestras mentes y corazones. Los enemigos son deseos carnales fortalecidos demoniacamente y pensamientos que pelean contra el Espíritu de Dios para que no hagamos la voluntad de Dios. *"Porque el deseo de la carne es contra el Espíritu, y el del Espíritu es contra la carne; y éstos se oponen entre sí, para que no hagáis lo que quisiereis" (Gálatas 5:17).*

Jesús nos ha dado la respuesta para la victoria sobre la carne. No se alcanza volviéndonos cada vez más activos en el ministerio. No la alcanzaremos intentando ser más disciplinados y auto controlados. La única solución es unirnos a él en oración ante el Padre. Allí él nos espera: *"...por lo cual puede también salvar perpetuamente a los que por él se acercan a Dios, viviendo siempre para interceder por ellos" (Hebreos 7:25).* Jesús venció a Satanás y al pecado en oración. Nosotros podemos vencer a Satanás y al pecado juntándonos a Cristo en oración, alineando nuestra voluntad a la suya delante del Padre. *"Pues en cuanto él mismo padeció siendo tentado, es poderoso para socorrer a los que son tentados" (Hebreos 2:18).* Cada vez que escogemos decir "no" a nuestra carne y escogemos dedicar tiempo a la oración con Cristo, debilitamos la carne. Satanás y la carne saben que la oración nos conecta con el Espíritu Santo y con el poder de Cristo.

¿Qué gozo hay mayor que responder a la invitación de Cristo a orar con él, quien es el único que vive para interceder por nosotros? Jesús es nuestro gran sumo sacerdote y nos ha redimido para que seamos un reino de sacerdotes mediante el cual él gobernará la tierra. Nada le emociona más que nuestra respuesta a su llamado a la oración, humilde y ardientemente pidiéndole que nos enseñe y entrene mientras estamos junto a él. Allí, con él, en oración, recibimos todos los recursos divinos que necesitamos para vivir una vida santa y recibir una naturaleza renovada.

> *Como todas las cosas que pertenecen a la vida y a la piedad nos han sido dadas por su divino poder, mediante el conocimiento de aquel que nos llamó por su gloria y excelencia, por medio de las cuales nos ha dado preciosas y grandísimas promesas, para que por ellas llegaseis a ser participantes de la naturaleza divina, habiendo huido de la corrupción que hay en el mundo a causa de la concupiscencia (2 Pedro 1:3,4).*

Por lo tanto, necesitamos responder a su llamado y sacudirnos las telarañas del sueño esíritual. Recuerdo que en mis días de militar, mientras hacía guardias, tenía que ser muy creativo para mantenerme despierto y alerta. Estábamos muy alertas durante la primera media hora o más, esperando el ataque en cualquier momento. Sin embargo, a medida en que transcurría el tiempo, aun cuando un ataque era inminente, nuestro estado de alerta se debilitaba lentamente, y quedaba un estado de somnolencia. Si necesita caminar un poco, levantar sus manos, orar en voz alta, leer las Escrituras mientras ora para que la sangre le circule y el alma se agite, hágalo. Sentarnos y orar pasivamente en nuestras mentes es a menudo el modo más rápido de distraernos en nuestros pensamientos y adormecernos. El diablo conoce muy bien nuestra debilidad, y su estrategia es esperar un momento oportuno para atacar (Lucas

4). Necesitamos tomar las posiciones de guerreros de oración, y como el soldado que está de guardia, hacer todo lo posible para mantenernos vigilantes junto a Cristo.

Preguntas para Reflexionar:

1. Según la enseñanza de Jesús en Lucas 21:36-37, ¿por qué son necesarias las "vigilias de oración" en la vida de la iglesia?

2. ¿Por qué piensa usted que Jesús especifica la cantidad de tiempo en su invitación a Pedro para orar en la vigilia con él? (Mateo 26: 40, 41)

3. Sabiendo que el espíritu está dispuesto, pero la carne es débil, ¿cuál es la victoria que Cristo nos garantizará al responder a su invitación para orar durante la vigilia nocturna con él? (Vea Mateo 26: 39; Filipenses 2:13; Hebreos 2:18)

4. Lea y medite en Hebreos 7:25. ¿Cómo le anima este versículo para unirse a Cristo en oración e intercesión?

La Tercera Vigilia (12 p.m.)

Mientras que la segunda vigilia parece ser la vigilia de preparación espiritual para la batalla, la tercera vigilia, comenzando a medianoche, parece ser la vigilia de la batalla espiritual. Es cuando nuestra preparación y fundamento espiritual son puestos a prueba en condiciones de batalla. Esta vigilia de la batalla espiritual duraba hasta las 3 de la mañana, cuando cantaba el gallo. El gallo era el soldado romano que sonaba dos veces la trompeta para señalizar el fin de la penúltima vigilia. Esta fue la vigilia en que Satanás pidió zarandear a Pedro como al trigo (Lucas 22:31-34).

Por esa razón, la segunda y tercera vigilias de preparación, y batalla espiritual, son extremadamente importantes para el Señor Jesús. Él las menciona específicamente en el contexto de recompensar a los que son fieles.

En la primera vigilia, durante la cena de la pascua, cuando Jesús oró por los discípulos como hijos para que Dios les protegiera de Satanás (Juan 17), Pedro se jactó de que seguiría a Jesús hasta la muerte. Jesús le dijo que en lugar de seguirle hasta la muerte, Pedro le negaría. *"Él le dijo: Señor, dispuesto estoy a ir contigo no sólo a la cárcel, sino también a la muerte. Y él le dijo: Pedro, te digo que el gallo no cantará hoy antes que tú niegues tres veces que me conoces" (Lucas 22:33-34).* Jesús estaba declarando que Pedro aun no tenía la preparación espiritual para vencer los deseos y la voluntad de la carne que se debatían en él. En la segunda vigilia, Jesús invitó a Pedro y a los demás a orar con él, advirtiéndoles que el espíritu de uno estaba dispuesto, pero que solo mediante la oración se vencería la carne. Solo vencerían al orar con él, sometiendo sus voluntades a la suya delante del Padre (Mateo 26:38-45). Pero Pedro denegó la invitación y la exhortación, y el resultado fue trágico.

Como una hora después, otro afirmaba, diciendo: Verdaderamente también éste estaba con él, porque es galileo. Y Pedro dijo: Hombre, no sé lo que dices. Y en seguida, mientras él todavía hablaba, el gallo cantó. Entonces, vuelto el Señor, miró a Pedro; y Pedro se acordó de la palabra del Señor, que le había dicho: Antes que el gallo cante, me negarás tres veces. Y Pedro, saliendo fuera, lloró amargamente" (Lucas 22:59-62).

¿Cuántos de nosotros hemos llorado amargamente por no haber llegado espiritualmente preparado para la prueba?

Las pruebas que vienen a nuestro camino tienen el potencial de convertirse en destructoras o en edificadoras del carácter, dependiendo de nuestra decisión con relación a la preparación espiritual. Tienen el propósito de ser instrumentos constructivos en las manos de Dios, para moldear y hacer madurar nuestra fe (Romanos 5:1-5; 2 Corintios 4:16-17; Santiago 1:2-5). Dios ha planeado que seamos probados, de la misma forma en que Abraham fue probado (Génesis 22), y Moisés y el pueblo de Israel fueron probados: *"para que yo lo pruebe si anda en mi ley, o no" (Éxodo 16:4b).* Jesús prometió que seríamos probados. Después de darnos los mandamientos del reino en el Sermón del Monte, concluye diciendo que seremos probados. Si obedecemos sus mandamientos de por vida, entonces permaneceremos firmes en las tormentas de la vida, como una casa edificada sobre un sólido fundamento de roca. Si no obedecemos, caeremos como una casa edificada sobre un precario fundamento de arena (Mateo 7:24-27). Sin embargo, habiendo declarado la realidad de la prueba, podemos ver que Jesús está comprometido a equiparnos y ayudarnos a pasar la prueba. Pero para que seamos equipados, necesitamos estar en oración con él.

Podemos aprender del error de Pedro. Si estamos preparados mediante la oración con Cristo, podremos esperar que él gane la batalla contra el enemigo. Ese fue el caso con Pablo y Silas cuando habían sido apresados, azotados y golpeados.

> *Pero a medianoche, orando Pablo y Silas, cantaban himnos a Dios; y los presos los oían. Entonces sobrevino de repente un gran terremoto, de tal manera que los cimientos de la cárcel se sacudían; y al instante se abrieron todas las puertas, y las cadenas de todos se soltaron (Hechos 16:25-26).*

Satanás pensaba que los tenía completamente encadenados, inmovilizados, sin posibilidades para hacer más obras del reino de Dios en el nombre de Cristo. Sin embargo, Pablo y Silas sabían que aunque presos físicamente estaban sentados con Cristo, libres y con autoridad en los lugares celestiales. Y así demostraban su autoridad sobre Satanás mediante la oración y adoración en la hora de batalla. Es esta hora de las pruebas, cuando nuestra fe en Cristo se demuestra tal como es. Por esa razón, la segunda y tercera vigilias de preparación espiritual, y batalla espiritual, son extremadamente importantes para el Señor Jesús. Él las menciona específicamente en el contexto de recompensar a los que son fieles.

> *"Bienaventurados aquellos siervos a los cuales su señor, cuando venga, halle velando; de cierto os digo que se ceñirá, y hará que se sienten a la mesa, y vendrá a servirles. Y aunque venga a la segunda vigilia, y aunque venga a la tercera vigilia, si los hallare así, bienaventurados son aquellos siervos" (Lucas 12:37-38).*

En el momento en que nacemos al reino, nacemos a un campo de batalla espiritual. Lo vemos en Jesús. Satanás buscó devorar y destruir su vida tan pronto como nació (Apocalipsis 12:4). La persecución de creyentes que ocurre en muchos lugares alrededor del planeta es evidencia de una gran batalla real. Poco después de haber sido creados, Adán y Eva se encontraron a sí mismos en batalla mortal contra la Serpiente, el diablo en el huerto del Edén. Fallaron, y con ellos toda la raza humana. Pero en el huerto de Getsemaní, sobre el Monte de los Olivos, Jesús aseguró la victoria al orar e interceder durante las últimas horas antes de ser arrestado, enjuiciado y crucificado sobre el Monte Calvario. Como se había preparado espiritualmente, estaba listo para resistir, firme hasta el fin. Las pruebas vendrán. Pero el problema reside en si estaremos, o no, listos para resistir.

El apóstol Pablo comparte el secreto de la resistencia: *"Por lo demás, hermanos míos, fortaleceos en el Señor, y en el poder de su fuerza. Vestíos de toda la armadura de Dios, para que podáis estar firmes contra las asechanzas del diablo" (Efesios 6:10-11).* El error de Pedro fue asumir que podría resistir en su propia fuerza y determinación. Pero pronto descubriría que su fuerza y determinación eran inservibles en la confrontación espiritual. El poder terrenal es inútil en las batallas celestiales. Solo el poder celestial es efectivo en las batallas celestiales. *"No con ejército, ni con fuerza, sino con mi Espíritu, ha dicho Jehová de los ejércitos" (Zacarías 4:6b).* Pablo y el profeta Zacarías nos recuerdan que nuestras fuerzas para esta batalla deben venir de Dios, del poder de su fuerza. Debemos ser fortalecidos en el Señor, y no en nosotros mismos. Así que Pablo declara que Dios, de hecho, nos ha preparado a cada uno su armadura especial, hecha particularmente para lidiar con todas las armas, estrategias y planes del enemigo. Ahora en Cristo, tenemos la ventaja, pero solo en su poder, en su armadura. Jesús mismo demuestra el uso de esa armadura en su preparación y prueba en el desierto antes de comenzar su ministerio. Guiado por el Espíritu comienza un tiempo de oración y ayuno en un lugar solitario. Al final de los 40 días, llegó el diablo para tentarle. Satanás descubrió que aunque Jesús había quedado físicamente débil, estaba fortalecido espiritualmente, y esgrimía la Espada del Espíritu, la Palabra de Dios, con poder y efectividad increíble para derrotarle (Mateo 4).

Tanto las iglesias como los individuos, debemos tomar con seriedad la segunda y tercera vigilia, y orar. Debemos revestirnos con la armadura de Dios, para garantizar la victoria en las batallas contra el enemigo de nuestra alma (Efesios 6:10-20). La armadura de Dios descrita por Pablo, es negada a menudo como un instrumento de oración. El Señor no solo nos da esta armadura como protección espiritual, también nos la da como un arma ofensiva increíble. El arma ofensiva mencionada es su Espada y su Espíritu. Y solo en la oración pueden ser blandidas contra el enemigo. *"Y tomad el yelmo de la salvación, y la espada del Espíritu, que es la palabra de Dios; orando en todo tiempo con toda oración y súplica en el Espíritu, y velando en ello..."* (Efesios 6:17,18). Pablo y Silas fueron preparados al llegar la hora de vigilia de la batalla y ganaron la confrontación en el nombre de Cristo. En el idioma original del griego la palabra "velar" significaba también mantenerse en un estado de alerta.[45] Muchos cristianos en Norteamérica viven vidas espirituales de derrota porque han ignorado la armadura que Cristo ha dejado para ellos en el closet de la oración.

Dios ha determinado que nos acerquemos al trono de Dios arrodillados ante el Rey con la Palabra - la constitución de su reino. Si venimos ante él sin orar su Palabra, venimos ante él sin la espada del Espíritu, y en consecuencia, no podremos ser capacitados por el Espíritu. Debemos aprender a orar las Escrituras, porque en ellas encontramos el lenguaje del Espíritu, es decir los pensamientos y deseos de Dios mismo.[46] Es tiempo de olvidarnos de los héroes del entretenimiento en las fantasías imaginarias de Hollywood, y de vivir la aventura real esperando a los guerreros escogidos de Dios, blandiendo la espada del Espíritu en el campo de batalla de la oración. Jesús es el Maestro Espadachín, el Verbo viviente (Juan 1:1), de cuya boca procede una espada cortante.

---

45 Oepke, "agrupneo," *TDNT* (Logos Electronic Library, 2007).
46 Wesley and Stacey Campbell, *Praying the Bible: The Pathway to Spirituality* (Ventura: California: Regal Books), p. 139.

> *"Entonces vi el cielo abierto; y he aquí un caballo blanco, y el que lo montaba se llamaba Fiel y Verdadero, y con justicia juzga y pelea. Sus ojos eran como llama de fuego, y había en su cabeza muchas diademas; y tenía un nombre escrito que ninguno conocía sino él mismo. Estaba vestido de una ropa teñida en sangre; y su nombre es: EL VERBO DE DIOS. Y los ejércitos celestiales, vestidos de lino finísimo, blanco y limpio, le seguían en caballos blancos. De su boca sale una espada aguda, para herir con ella a las naciones"(Apocalipsis 19:11-15).*

El Maestro Espadachín espera que vengamos en oración con la Palabra, para poder enseñarnos, y prepararnos a fin de unirnos a su ejército. Solo entonces podremos afirmarnos, y hacer temblar al enemigo.

En nuestra próxima batalla contra la tentación, las pruebas y el pecado recordemos que no estamos solos, aunque el enemigo trate de convencernos de lo contrario para que nos rindamos y sometamos. *"Por tanto, nosotros también, teniendo en derredor nuestro tan grande nube de testigos, despojémonos de todo peso y del pecado que nos asedia, y corramos con paciencia la carrera que tenemos por delante" (Hebreos 12:1).* Hay muchos como Pedro y Pablo quienes han corrido la carrera y están animándonos para que ganemos nuestra carrera con el consejo y la exhortación que nos dan a partir de sus propias vidas y experiencias. El mayor consejo es que debemos encontrar nuestra fuerza en Cristo, quien dio su vida por nosotros a fin de que pudiéramos tener todo lo que necesitáramos para nuestra carrera.

> *Puestos los ojos en Jesús, el autor y consumador de la fe, el cual por el gozo puesto delante de él sufrió la cruz, menospreciando el oprobio, y se sentó a la diestra del trono de Dios. Considerad a aquel que sufrió tal contradicción de pecadores contra sí mismo, para que vuestro ánimo no se canse hasta desmayar.*

Porque aún no habéis resistido hasta la sangre, combatiendo contra el pecado (Hebreos 12:2-4).

Jesucristo sí luchó y sí venció a nuestro pecado hasta derramar su sangre y por lo tanto nos puede asegurar y ayudar a que terminemos bien la carrera. Recuerde que él es nuestra esperanza y él es nuestra victoria. *"…estando persuadido de esto, que el que comenzó en vosotros la buena obra, la perfeccionará hasta el día de Jesucristo."* (Filipenses 1:6).

Preguntas para Reflexionar:

1. ¿Alguna vez usted ha experimentado un ataque espiritual en las primeras horas de la madrugada? Explique.

2. ¿Qué podemos aprender de la negligencia de Pedro al no atender a la invitación de Jesús para orar la vigilia nocturna con él?

3. En contraste, ¿qué podemos aprender de la influencia y el poder de Pablo y Silas orando durante la vigilia, aunque el enemigo les tenía atados y presos físicamente? (Hechos 16: 25-30)

4. ¿Por qué piensa que es importante utilizar la armadura de Dios, y específicamente, la Palabra de Dios en oración? (Efesios 6:10-20; 1 Corintios 2:11b-13).

5. ¿Alguna vez usted ha usado las Escrituras en oración, individualmente o unido a otros creyentes? Explique.

77

La Cuarta Vigilia (3 a.m.)

Cuando el vigía militar (el "gallo") sonaba dos veces la trompeta a las 3 de la mañana, se proclamaba el final de la tercera vigilia y el comienzo de la cuarta y última vigilia (Marcos 14:72).

Fue casi al final de esta vigilia que fue desatado todo el poder de Dios, levantando a Jesús de entre los muertos como la primicia de una nueva creación.

La cuarta vigilia es la vigilia de revelación sobrenatural del reino de Dios para los que han persistido vigilando y orando. En el libro de Éxodo, descubrimos que la victoria de Israel contra la oposición y los ataques de Faraón ocurrió durante esta vigilia. Faraón suponía que el dios sol "Ra", a quién él personificaba, renacería y sería renovado en la última vigilia de la noche y demostraría su soberanía sobre el Dios hebreo.

> *Aconteció a la vigilia de la mañana, que Jehová miró el campamento de los egipcios desde la columna de fuego y nube, y trastornó el campamento de los egipcios, y quitó las ruedas de sus carros, y los trastornó gravemente. Entonces los egipcios dijeron: "Huyamos de delante de Israel, porque Jehová pelea por ellos contra los egipcios "(Éxodo 14:24-25).*

Esto ocurrió en respuesta a la intercesión de Moisés cuando él permaneció fiel obedeciendo el mandato de Dios de levantar su vara y extenderla sobre el mar (Éxodo 14:16). Pero no fue una intercesión rápida. La recompensa en la última vigilia llegó porque él había persistido toda la noche en intercesión, con su mano extendida.

> *Y extendió Moisés su mano sobre el mar, e hizo Jehová que el*

> *mar se retirase por recio viento oriental toda aquella noche; y volvió el mar en seco, y las aguas quedaron divididas. Entonces los hijos de Israel entraron por en medio del mar, en seco, teniendo las aguas como muro a su derecha y a su izquierda... Y Jehová dijo a Moisés: "Extiende tu mano sobre el mar, para que las aguas vuelvan sobre los egipcios, sobre sus carros, y sobre su caballería." Entonces Moisés extendió su mano sobre el mar, y cuando amanecía, el mar se volvió en toda su fuerza... Y volvieron las aguas y cubrieron los carros y la caballería, y todo el ejército de Faraón que había entrado tras ellos en el mar; no quedó de ellos ni uno (Éxodo 14:21-22; 26-28).*

Esa no fue la única vez que Moisés aprendió la lección del poder de la persistencia en la intercesión con las manos extendidas. Muy poco después de la liberación de los egipcios, Israel derrotó al ejército amalecita.

> *Y sucedía que cuando alzaba Moisés su mano, Israel prevalecía; mas cuando él bajaba su mano, prevalecía Amalec. Y las manos de Moisés se cansaban; por lo que tomaron una piedra, y la pusieron debajo de él, y se sentó sobre ella; y Aarón y Hur sostenían sus manos, el uno de un lado y el otro de otro; así hubo en sus manos firmeza hasta que se puso el sol. Y Josué deshizo a Amalec y a su pueblo a filo de espada. Y Jehová dijo a Moisés: "Escribe esto para memoria en un libro, y di a Josué que raeré del todo la memoria de Amalec de debajo del cielo." Y Moisés edificó un altar, y llamó su nombre Jehová-nisi; y dijo: "Por cuanto la mano de Amalec se levantó contra el trono de Jehová, Jehová tendrá guerra con Amalec de generación en generación". (Éxodo 17:11-16).*

Tan importante era el modelo de la intercesión perseverante de Moisés con manos extendidas (con la ayuda de Aarón y Hur) que Dios ordenó que fuera registrado y recordado. Josué venció por la espada, pero fue Moisés, Aarón y Hur quienes aseguraron la victoria con sus manos levantadas en oración. La batalla no era meramente una batalla física sino más bien una batalla espiritual. Lo que ocurría entre los reinos físicos de los hombres era la manifestación de lo que ocurría en la dimensión espiritual. Era una batalla que requería unidad y apoyo mutuo entre Moisés, Aarón, y Hur, para vencer las fuerzas demoniacas y abrirse pasos hacia los recursos de Dios. Hoy, es una batalla que requiere unidad en la oración, animándonos unos a otros para perseverar en la oración y buscar los recursos celestiales, simbolizados por las manos levantadas.

Pablo, con la autoridad e inspiración divina, ordena a los creyentes en todas partes que tomen posiciones espirituales de combate como un solo ejército, unificado en oración con las manos levantadas. *"Quiero, pues, que los hombres oren en todo lugar, levantando manos santas, sin ira ni contienda" (1 Timoteo 2:8).* La espada de Josué nunca habría probado la victoria si no hubiera sido por las manos levantadas unidas. Debemos recordar orar por la intercesión unida del pueblo de Dios. Se requiere la unificación de la misma manera en que lo hicieron Moisés, Aarón, y Hur, para asegurar el triunfo sobre el enemigo. Cuando levantamos nuestras manos unidas como un solo ejército, nos estamos aliniando con el reino de los cielos para alcanzar las manos poderosas de Dios. Y así él adiestra nuestras manos para llevar la batalla a un fin existoso. *"En tu mano está la fuerza y el poder, y en tu mano el hacer grande y el dar poder a todos" (1 Crónicas 29:12).* Lo maravilloso es que cuando encontramos las manos de Dios en oración nos damos cuenta que son las mismas que fueron crucificadas por nosotros. *"¿Se olvidará la mujer de lo que dio a luz, para dejar de compadecerse del hijo de su vientre? Aunque olvide ella, yo nunca me olvidaré de ti. He aquí que en las palmas de las manos te tengo esculpida" (Isaías 49:15,16).*

El enemigo hará todo lo que pueda para impedir que nos unamos en oración y nos sostengamos nuestras manos mutuamente. Lo hará tratando de ocasionar disputas, divisiones, rivalidades, y desconfianza. Sabe que el poder del cielo será liberado contra él de generación en generación por los creyentes unidos en oración. Es el llamado a la oración, el llamado de trompeta, el que puede cruzar todas las barreras denominacionales y doctrinales. Este llamado reunirá a los creyentes para la victoria en la batalla final que culminará con el retorno del Señor. Y ha comenzado. Como leímos anteriormente, él retornará para encontrar a una novia fiel, a una novia guerrera perseverando en la oración y la intercesión, esperando el regreso y la intervención de su novio. Pero cada creyente debe escoger ser parte de este movimiento de oración unida en los últimos tiempos.

Un evento sorprendente en el Nuevo Testamento que demuestra que la cuarta vigilia de oración es una vigilia de rompimiento y victoria puede ser visto en la actividad de Jesús en Mateo 14. Después de haber alimentado a miles de personas (5000 hombres y miles de mujeres y niños), Jesús mandó que sus discípulos cruzaran el lago en un bote, mientras él subía a una montaña a orar. Aunque debemos ser cuidadosos al comparar los eventos del Antiguo y el Nuevo Testamento, no hay dudas de que este evento tenía el propósito de demostrar la superioridad de Jesús con relación a Moisés en el Mar Rojo. Como con Moisés, encontramos a Jesús orando durante la noche, mientras los discípulos luchaban, preguntándose si lograrían llegar al otro lado enfrentando el viento y las olas. En el caso de Moisés, la intercesión y la fe abrieron el camino para que Dios dividiera el Mar Rojo en dos, creando un sendero de tierra seca para el pueblo. Sin embargo, la oración de Jesús le permite caminar sobre el mar hasta donde estaban los discípulos en la última vigilia. *"Mas a la cuarta vigilia de la noche, Jesús vino a ellos andando sobre el mar" (Mateo 14:25).* También le permitió incitar la fe de uno de los discípulos, Pedro, para que caminara con él sobre las aguas (Mateo 14:22-31). La oración de Moisés abrió las puertas de los cielos y Dios obró con poder sobrenatural para que el pueblo llegara al otro lado. En cambio, la oración de Jesús invita a cada discípulo a participar con él en lo sobrenatural. Él quiere que experimentemos su poder e intervención sobrenatural en oración. Su meta no solo es que lleguemos al otro lado en cada prueba, sino que nuestra fe en él mediante la oración nos permita llegar de modo que nadie pueda negar el poder sobrenatural de Cristo en nosotros.

La última de todas las vigilias es la vigilia de la maravillosa anticipación del poder de Dios. El llamado a la cuarta vigilia de oración enfatiza la invitación de Jesús y su exhortación a participar con él en el poder sobrenatural. Del principio al final de su ministerio en la tierra fue la costumbre de Jesús levantarse temprano para orar la última vigilia mientras todavía oscuro (Marcos 1:35). Eran estos tiempos de oración por la madrugada que lo sostuvieron mientras él miraba adelante a lo que haría su padre durante esas mismas horas (Hebreos 12:2). Fue casi al final de esta vigilia que fue desatado todo el poder de Dios, levantando a Jesús de entre los muertos como la primicia de una nueva creación.

Pasado el día de reposo, al amanecer del primer día de la semana, vinieron María Magdalena y la otra María, a ver el sepulcro... Mas el ángel, respondiendo, dijo a las mujeres: "No temáis vosotras; porque yo sé que buscáis a Jesús, el que fue crucificado. No está aquí, pues ha resucitado" (Mateo 28:1,5-6).

Fue en esta vigilia que el poder de la resurrección fue puesto en movimiento para siempre en Cristo, y también en los que están en él. *"Y si el Espíritu de aquel que levantó de los muertos a Jesús mora en vosotros, el que levantó de los muertos a Cristo Jesús vivificará también vuestros cuerpos mortales por su Espíritu que mora en vosotros" (Romanos 8:11).* El poder de la resurrección ya ha sido activado en nosotros mediante el Espíritu Santo. Ahora podemos experimentar ese poder si nos libramos de las limitaciones que han obstaculizado nuestra fe en el Jesús resucitado. De la misma manera que Jesús desafió las limitaciones de la fe de Marta, él nos desafía: *"Quitad la piedra...¿No te he dicho que si crees, verás la gloria de Dios? (Juan 11:39 - 41).* Es tiempo de clamar y creer, quitando la piedra de las limitaciones autoimpuestas. Es hora de desatar el poder de la resurrección que está en nosotros, de la misma manera que desataron a Lázaro de las vestiduras del sepulcro. Debemos rogar con la plena expectativa de ver abrir una brecha poderosa en las áreas en que hemos estado batallando en intercesión.

Mientras oramos en el poder de la resurrección, es importante que oremos por la venida de Cristo. Debemos recordar que todo el poder de la resurrección para transformar nuestros cuerpos mortales y aún la tierra, solo será manifestado al regreso de Cristo. Cuando él se manifieste también nosotros con él en nuestros cuerpos glorificados (Colosenses 3:4). Y cuando la tierra no puede más contener el polvo y los huesos de los cuerpos volviéndo a la vida, tampoco podrá más la corrupción mantener presa a la creación. De la misma manera que la creación fue contaminada por nuestra corrupción y rebeldía también espera la restauración a su condición pristina el día cuando Cristo cumple su obra de perfección en nosotros. *"Pues tengo por cierto que las aflicciones del tiempo presente no son comparables con la gloria venidera que en nosotros ha de manifestarse. Porque el anhelo ardiente de la creación es el aguardar la manifestación de los hijos de Dios. Porque la creación fue sujetada a vanidad, no por su propia voluntad, sino por causa del que la sujetó en esperanza; porque también la creación misma será libertada de la esclavitud de corrupción, a la libertad gloriosa de los hijos de Dios"* (Romanos 8: 18 - 22). El día cuando Jesús nos resucite y transforme será el día de liberación para toda la creación. Puesto que toda la creación ha depositado su esperanza en nuestra transformación, necesitamos fijar nuestra esperanza completamente en él que promete en su regreso llevar a terminación el buen trabajo que él comenzó en nosotros (Filipenses 1:6).

Aún no tenemos toda nuestra recompensa, solo la tendremos cuando Jesucristo venga. Con esta perspectiva de oración, el clamor en oración del creyente primitivo era "Maranata": "Señor nuestro, ven." (1 Corintios 16:22; Apocalipsis 22:20, Versión Dios Habla Hoy). Seamos sus instrumentos del reino de los cielos en la tierra, como un reino de sacerdotes. Pero recordemos que la manifestación completa de su reino no será revelada hasta que él venga en poder y majestad en su Segunda Venida.

Preguntas para Reflexionar:

1. ¿Alguna vez ha tenido usted experiencias "reveladoras" de la presencia de Cristo durante la última vigilia (entre las 3 y las 6 a.m.)? Si las ha tenido, describa una experiencia.

2. La cuarta vigilia, o vigilia matutina, está caracterizada por esperar y perseverar en oración. ¿Por qué piensa usted que Dios requiere que esperemos o perseveremos en oración antes de que él responda y revele su poder? (Vea Salmos 130: 5,6)

3. ¿Por qué piensa usted que Jesús reveló su poder de resurrección primeramente a las mujeres de entre sus seguidores? (Lea Mateo 28:1-10)

4. ¿Cómo Romanos 8:11 le motiva a usted buscar y experimentar el poder de la resurrección de Cristo en su vida actual? ¿Cómo le da esperanza para el futuro?

VI. El Reloj Divino En La Historia De La Iglesia.

El cuerpo de Cristo, el reino de sacerdotes, ha sido sentado con él en los niveles más elevados de autoridad celestial en el universo (Efesios 1:22, 2:6). Todo ha sido logrado mediante su resurrección y ascensión. Como declara Paul Billheimer:

> *La humanidad redimida excede en rango a todas las demás órdenes de seres creados en el universo... Mediante el uso de las armas de oración y fe, ella sostiene, en este vibrante momento actual, el equilibrio de poder en los asuntos del mundo... la fuerza más poderosa para la civilización e iluminación de la consciencia social en el mundo actual... la única fuerza retando el gobierno total de Satanás en los asuntos del mundo.*[47]

Cristo fue a la cruz con la vista puesta en su novia, redimida para gobernar a su lado. Un reino de sacerdotes intercediendo y adorando, extenderá la redención y reinado de Jesucristo por todo el globo y por todo el universo.

Mediante el reloj divino de oración, él nos ha revelado un estilo de vida de oración las 24 horas, los 7 días de la semana, mediante el cual su obra en el Calvario puede ser comprendida y activada globalmente.

Para que el cuerpo de Cristo extienda la redención y el gobierno de Jesús a toda la humanidad, debe comprender su existencia primeramente en términos de su redención y gobierno. Ya el tiempo no puede ser visto simplemente como una agenda para ser llenada con actividades y negocios intermi-

---

47 Paul Billheimer, *Destined for the Throne* (Minneapolis, Minnesota: Bethany House Publishers, 1975), pp. 15,16.

nables. La estrategia de Satanás es ocupar nuestras vidas con tiempo "cronos", impidiéndonos alcanzar nuestro destino como el gobierno de Cristo en la tierra mediante la oración. Sin embargo, en lugar de vivir vidas consumidas por "cronos", Cristo nos llama a ver el tiempo desde el calendario "kairos" de Dios. En lugar de ser consumidos por un activismo sin propósito, Dios nos ha llamado a ser restaurados al eterno significado y propósito para el cual fuimos creados. Cristo transformaría nuestro ritmo de vida actual (con sus agendas ocupadas, sin propósito), por un ritmo de descanso espiritual y autoridad sobrenatural mediante la oración. Entonces aprenderemos cómo ser transformados en instrumentos de redención. Él nos enseñaría el secreto de la vida poderosamente influyente de David, quien tenía un ritmo de la oración y adoración que regía y llenaba de poder sus días y actividades. Los días y noches de David estaban estructurados alrededor de 7 tiempos de oración y adoración. Aquella estructura espiritual le capacitó para vivir constantemente consciente de la presencia y dirección soberana de Dios (Salmos 119:164). Aquel descubrimiento, indudablemente influenció el plan de David de organizar el sacerdocio y la nación a fin de que adoptaran un ritmo de oración continua mediante un simple tabernáculo: el tabernáculo de David.

Dios hizo un pacto con David, prometiéndole que uno de sus hijos reedificaría la casa que él quería. Su trono duraría para siempre (1 Crónicas 17:11-14). Jesús, el Hijo de David, es quien supervisa la edificación de esa casa, la reedificación del tabernáculo de David. Ya no es un lugar físico, sino un lugar espiritual donde mora la presencia de Dios, y donde los que creen en él pueden morar y gobernar con él mediante la oración. Es llamado "casa de oración" (Marcos 11:17). Está reflejado en un reloj divino de oración, donde cada hora de oración es redimida y encuentra su significado y propósito en la crucifixión y resurrección de Cristo. Es un reloj divino donde los propósitos eternos en Cristo, el Alfa y la Omega, redimen y restauran la esperanza para una existencia humana que cada vez más está quedándose sin tiempo y sin esperanzas.

Dios ha puesto, delante de nosotros dos promesas sorprendentes para la transformación del mundo en que vivimos. Primero, si como piedras vivas redimimos nuestras actividades participando en la edificación de la casa espiritual de oración, entonces, el resto de la humanidad buscará a Cristo (Hechos 15:16-18). Segundo, si redimimos nuestro tiempo con su reloj de oración y comenzamos a funcionar realmente como un reino de sacerdotes en intercesión, entonces el gobierno de Cristo se extenderá alrededor del globo (Apocalipsis 5:9-10). A fin de que su redención y gobierno se extiendan, a través nuestro, hacia el resto del mundo, debemos activar la redención de Cristo para nuestro tiempo por medio de la oración. Paul Billheimer define nuestro llamado a la oración:

> *Es implementar, sobre la tierra, las decisiones celestiales concernientes a los asuntos de los hombres. El Calvario destruyó legalmente a Satanás, y canceló todos sus reclamos. Dios puso la ejecución de la victoria del Calvario en manos de la iglesia. Él le ha dado el "poder ejecutivo". Somo sus diputados en la tierra. Pero su autoridad delegada es totalmente inoperativa sin las oraciones de una iglesia creyente. Por tanto, la acción está en la oración. Cualquier iglesia sin un programa de oración sistemático y bien organizado, está simplemente operando una maquinaria religiosa.*[48]

Creo que Cristo, en las Escrituras, ha revelado mucho más que un programa de oración sistemático. Mediante el reloj divino de oración, él nos ha revelado un estilo de vida de oraciones las 24 horas, los 7 días de la semana, mediante la cual su obra en el Calvario puede ser comprendida y activada globalmente. Es un plan de oración que nos equipa como reino de sacerdotes redimidos para desatar la obra de Cristo en el pueblo de Dios (la hora del incienso), en las naciones y sus gobiernos

---

48   Paul Billheimer, pp. 17-18.

(la sexta hora), en las próximas generaciones (la primera vigilia), y hacia el futuro del mundo (la cuarta vigilia). Es un plan que nos llena de poder con el Espíritu Santo (la tercera hora), y nos capacita para prepararnos espiritualmente para la prueba (segunda vigilia), a fin de derrotar a Satanás (tercera vigilia). Es un plan que nos recuerda el acceso directo al trono de la gracia por la sangre de Cristo (hora novena), y puede revolucionar su vida, su iglesia y su mundo. Pero se resume en una simple decisión. ¿Continuará usted viendo el tiempo y la vida como simples actividades, influenciadas por las personas y las circunstancias? ¿O permitirá que su tiempo y vida sean redimidos por Cristo de modo que pueda influenciar a las personas y circunstancias mediante la oración? ¿Qué decidieron los cristianos en otros siglos? ¿Qué podemos aprender de ellos? ¿Hay evidencia de que el reloj de oración influenciara a los cristianos de los siglos posteriores a Cristo y a la iglesia primitiva?

A finales del siglo segundo, un prominente líder de la iglesia, llamado Tertuliano (c. 160–225d.C.) registró de la siguiente forma la práctica de oraciones cristianas: después del amanecer (la hora del incienso matutina); la tercera hora; la sexta hora; la novena hora; antes del anochecer (la primera vigilia); después del anochecer (la segunda vigilia).[49] Esto es confirmado en los escritos de otros grandes cristianos contemporáneos con Tertuliano: Clemente (c. 150–215d.C.) y Orígenes (c. 185–254d.C).[50] En realidad, el cristianismo en los tiempos de Tertuliano (solo 200 años después de Cristo), parecía practicar todas las horas de oración identificadas en las Escrituras, menos las dos últimas vigilias. Los cristianos en el tiempo de Tertuliano habían decidido que sus vidas estarían organizadas y dirigidas por un estilo de vida espiritual y no por un estilo mundano. Aunque las horas eran señalizaciones seculares del tiempo para el ejército romano, el gobierno, los negocios, y para el pueblo en general,

---

[49] Jo Ellen Burnett, *Time Pendulum* (New York: Plenum Press, 1998), p. 45.

[50] Phyllis Tickle, p. xi.

para los cristianos las horas tenían un significado divino, transformado por Cristo en oración.

Los Padres del desierto, reconocidos como los primeros monásticos de la iglesia (Siglo III), buscaron obedecer la amonestación de Pablo de *"orad sin cesar" (1 Tesalonicenses 5:17)*. Ellos cumplieron este mandamiento por medio de una carrera espiritual de relevos de oración, donde un grupo de intercesores pasaba la antorcha de oración hacia el siguiente, para asegurarse de que la antorcha de oración nunca cayera. La meta era asegurar que siempre hubiera intercesores de su comunidad cristiana delante del trono de Dios.[51]

En la época del santo Benedicto (480 -543 d.C), su orden espiritual estaba practicando el siguiente ciclo de oración: ovación (amanecer o última vigilia), prima (hora del incienso matutino), tercia (tercera hora), sexta (sexta hora), nonas (novena hora), vísperas (oncena hora), compline (primera vigilia), matines (vigilias nocturnas).[52] Parece que en los tiempos de Benedicto su orden estaba practicando todo el reloj, y además adicionaron la oncena hora de oración. Los tiempos estaban divididos en oraciones individuales y colectivas, pero siempre pensando en la comunidad. Nadie quería estar tarde o perderse la oración, porque no querían desconectarse del ritmo de vida espiritual que habían experimentado mediante la oración. Como consecuencia, los herreros desarrollaron relojes mecánicos para ayudar a los intercesores a regresar en tiempo. Es interesante notar que los primeros relojes mecánicos fueron desarrollados con la mente puesta en la oración, no en el trajín diario ni en los negocios.[53] El tiempo y la vida fueron concebidos como oportunidades para ofrecernos en adoración a Dios, y no para simplemente dejar pasar los días.[54] "El reloj de oración

---

51   Ibid.
52   Jo Ellen Burnett, pp. 45 – 47.
53   David Christianson, *Timepieces* (Toronto: Firefly Books, 2002), p. 21.
54   Jo Ellen Burnett, p. 47.

fue destinado a ser una guía para la vida comunal de humildad y obediencia a Dios."[55] Significa "renunciar a la búsqueda del interés propio, de la propiedad personal, y del control personal de nuestro tiempo... en una preparación gradual para la vida en el más allá".[56]

En los siglos XIV y XV, los cristianos se pararon por donde quiera cuando sonaban las campanas de las iglesias. Las campanas tenían el único propósito de hacer recordar a los creyentes el llamado a la oración en los distintos horarios.[57] Fue la práctica que en tales horarios los intercesores sacaran de sus bolsas un librito que se llamaba "El Libro de Las Horas." El libro tenía temas específicas para cada horario de oración, y en especial los temas de la crucifixión y la obra del Espíritu Santo. [58]

Los moravos son un ejemplo sorprendente de lo que sucede cuando un grupo de creyentes permite que Cristo redima y gobierne su tiempo y vidas mediante el reloj de oración. La comunidad de cristianos que se había reunido de diferentes denominaciones y entornos comenzó como un grupo divisivo y conflictivo. Entonces, un líder llamado Zinzendorf, junto con otros pocos, acordó orar por un avivamiento. El 12 de mayo de 1727, llegó el avivamiento y Zinzendorf comentó que: "todo el lugar representaba verdadera y visiblemente la habitación de Dios entre los hombres". [59]Zinzendorf había descubierto la casa de oración, la reedificación del tabernáculo de David. El 27 de agosto de 1727, como resultado del pacto de oración de Zinzendorf, y del avivamiento subsecuente, 24 hombres y 24

55   Gerhard Dohrn van Rossam, *The History of the Hour* (Chicago: University of Chicago Press, 1996), p. 35

56   Ibid.

57   Paul F Bradshaw, "Bells and The Liturgy of Hours," *The New SCM Dictionary of Liturgy and Worship* (London, England: SCM Press, 2002), p 57.

58   Victor Leroquais, *Les Livres d' Heures* (Paris: Manuscrits de la Biblioteque Nacionale, 1927), p. XXVI.

59   Leslick Tann, "A Prayer Meeting That Lasted 100 Years," Church History, Issue 1, 1982, www.etlibrary.com/ch/1982/issue (visitada el 16 abril, 2009).

mujeres acordaron orar una hora cada día para garantizar una oración ininterrumpida alrededor del reloj. Fue un movimiento de oración continua (24 horas al día, los 7 días de la semana) que duraría por más de 100 años. [60]

En 1791, 65 años después del comienzo de la vigilia de oración, este pequeño movimiento de oración había enviado a su misionero número 300 desde su grupo de intercesores.[61] Ha quedado bien documentado que solo 13 años después de su convenio de oración (en 1740), los moravos habían enviado misioneros a los lugares más difíciles del mundo, alcanzando a las Islas Vírgenes, Groenlandia, Surinam, Costa Dorada, Norteamérica, y Sudáfrica.[62] Su compasión y compromiso sacrificado para la evangelización no tienen paralelo en la historia de las misiones. Al menos un historiador ha estimado que, en ese período, los moravos lograron más en las misiones que todos los esfuerzos protestantes anteriores.[63] Un moravo inglés llamado James Hutton jugó un rol primario en el avivamiento inglés. Otros moravos, como Peter Bohler, fueron usados por Dios para la conversión y unción con el Espíritu Santo de Juan Wesley.[64] A causa de los moravos, Wesley sería una figura significativa en el crecimiento y expansión del avivamiento inglés. La decisión de Zinzendorf y los creyentes moravos de acordar orar continua y sistemáticamente tuvo un impacto inestimable. No puede haber dudas de que el avivamiento, las misiones, y las oraciones continuas 24 horas al día los 7 días de la semana, eran compañeros inseparables.

Donde quiera que el reino de Dios esté obrando de una manera significativa, ciertamente habrá un grupo de creyentes

---

60 Ibid.

61 Ibid.

62 James De Jong, "Expansion World-Wide," *The History of Christianity* (Oxford, England: Lion Hudson, 1996) p. 482.

63 Ibid.

64 A. Skevington Wood, "Awakening," *The History of Christianity*, p. 446.

que hayan redescubierto la casa de oración, con su reloj de 24 horas los 7 días de la semana. Aun en la historia de la iglesia contemporánea hay ejemplos sorprendentes. Uno que tenemos cerca es Cuba. El movimiento de Dios comenzó con un pastor desconocido llamado Juan quien estaba agonizando en oración y ayuno en su pequeño templo. Él golpeaba las puertas celestiales en intercesión por un avivamiento en Cuba. Un martes por la mañana en 1987, mientras oraba, Dios comenzó a mostrarle un mapa de Cuba con una cruz pasando sobre ella, una y otra vez, e inscribiendo sobre la isla las palabras: ¡CUBA PARA CRISTO! El pastor Juan estaba tan emocionado por la visión que comenzó a compartirla con sus amigos. Pronto las personas comenzaron a orar según la visión, y decidieron organizarse para orar 24 horas al día, los 7 días de la semana. Intercedieron con diferentes equipos orando cada media hora en una cadena de oración. Entonces, el pastor Juan viajó a través de la nación compartiendo la misión y el llamado a orar. Para finales de 1988, la visión de 24 horas de oración se había esparcido hasta involucrar a 100 000 cristianos en iglesias locales por toda la nación.[65] El movimiento de oración cruzó todas las barreras denominacionales. El cuerpo de Cristo en Cuba había respondido al llamado del Maestro para restaurar la casa de oración, y para extender su gobierno como un sacerdocio real unificado. Sus vidas ahora estaban siendo dirigidas por esta agenda y reloj divino.

    La respuesta de Dios llegó en 1988 después de casi un año de oraciones continuas. Comenzó en un pequeño pueblo rural llamado Madruga, justo fuera de la ciudad capital, Ciudad Habana. Las personas hacían filas desde las dos de la mañana para entrar en las reuniones de oración. Tan pronto como entraban a la edificación, comenzaban a llorar al experimentar la santidad de Dios. Allí estaba la presencia de Dios. No pasó mucho tiempo hasta que aparecieran los primeros milagros y ocur-

---

65   Hermano Pablo and Brother Andrew, *Cuba Para Cristo: The Amazing Story of Revival in Cuba* (Canadá: Open Doors, 1998), p. 5.

rieran sanidades instantáneas. Después de los primeros servicios, el cuerpo pastoral, a menudo atendía a más de 300 personas para la conversión. En seis meses, más de 100 000 personas pasaron por las puertas de un santuario que normalmente sentaba solo a 300.[66] Pronto se esparcieron las noticias de que Dios también se había manifestado en otra iglesia y luego en otra, de cada denominación, fuera bautista, nazareno, metodista, pentecostal... las señales eran las mismas, se sentía poderosamente la santidad de Dios, surgía el arrepentimiento, las conversiones, las sanidades, y los milagros. La señal más grandiosa era el deseo de orar. Los santuarios estaban llenos horas antes de que comenzaran los servicios, porque las personas venían y se arrodillaban y oraban. El desbordamiento de personas orando llegó a las calles.[67] A fines de 1991, el avivamiento había generado más de 2400 iglesias en las casas. El avivamiento dio inicio a un movimiento de iglesias en las casas que hoy alberga a la mayoría de los creyentes cubanos que se reúnen para adorar a Cristo.

Sin embargo, como me explicaba recientemente un pastor cubano: "con el crecimiento y la organización, olvidamos algo, lo más importante: la oración". Otro líder cristiano recordó el cambio que detuvo el avivamiento: "En algún momento, la oración antes del servicio, la sensación de santidad mientras la congregación se preparaba para encontrarse con Dios en sus rodillas fue reemplazada por un tiempo previo para socializar y conversar. La sensación de santidad, donde se anticipaba la presencia de Dios, se había perdido". Como bien reflejaron estos dos hombres en la revelación bíblica relativa al reloj de oración, su respuesta fue la misma: "¡esto es lo que hemos olvidado!" Gracias a Dios, ahora la iglesia cubana se está levantando de su sueño espiritual en el mover del reloj divino. Más de 1400 pastores y líderes de 30 denominaciones con las congregaciones locales se están uniendo en una red de oración nacional. Un pastor de la provincia de Pinar exclamó: "Estamos viendo un

---

66   Hermano Pablo and Brother Andrew, p. 6.
67   Hermano Pablo and Brother Andrew, p. 9.

mover de oración muy parecido al mover que abrió las puertas del cielo para el avivamiento en 1989."

No es Dios quien detiene un avivamiento. Se detiene cuando el pueblo de Dios olvida funcionar como un reino de sacerdotes, restaurando la casa de oración, guiados por su agenda y reloj divino. Creo que las revelaciones en las Escrituras relativas al reloj divino de oración son un llamado a despertar; y un recordatorio, no solo para los creyentes cubanos, sino para todos los creyentes. Si, como hijos suyos, nos unimos para buscarle, el resto de la humanidad también le buscará (Hechos 15:16, 17). En realidad, sola una cosa retiene la transformación de este mundo. Algo pide Jesús de nosotros: que nos unamos en oración constante. Si lo hacemos, el resto de la humanidad comenzará a buscar a Dios, y los corazones de los hombres y mujeres de todas las edades, naciones, lenguas, y culturas se volverán tierra fértil para que compartamos la buena noticia de Cristo. La tierra es dura porque no ha sido labrada por la oración unida de los santos. Hay un avivamiento global esperándonos antes de la segunda venida de Cristo. Ocurrirá mientras edifiquemos el tabernáculo de David con oraciones continuas y unidas. Esa es la casa que Dios espera.

El reino de Cristo será extendido y administrado sobre este mundo por usted, por mí, y por cada creyente que se disponga a orar e interceder juntos según el plan de Jesús.

Digno eres de tomar el libro y de abrir sus sellos; porque tú fuiste inmolado, y con tu sangre nos has redimido para Dios, de todo linaje y lengua y pueblo y nación; y nos has hecho para nuestro Dios reyes y sacerdotes, y reinaremos sobre la tierra (Apocalipsis 5:9-10).

Cristo pagó un alto precio a fin de redimirnos para este propósito. Como su casa de oración, es tiempo de organizarnos de manera que se garantice que día y noche estén cubiertas las 24 horas de oración. Cada cristiano debiera escoger, al menos, una hora diaria del reloj de oración, durante el día o durante las vigilias de la noche; orando según los motivos específicos asociados con ese tiempo. Mientras lo hacemos, estaremos sincronizándonos en la tierra con las criaturas vivientes y con los 24 ancianos que están en los cielos delante del trono 24 horas los 7 días de la semana (Apocalipsis 4:6-11). Ellos representan la totalidad del plan de Dios para su creación y su pueblo. Entonces veremos llegar su reino, y su voluntad será completamente activada en la tierra, como en el cielo.

Mi oración por usted, ahora que ha leído y meditado en este plan divino de oración revelado en las Escrituras, es que usted se apropie de él, y se una a nosotros en la reedificación de la Casa de Oración para todas las naciones.

Preguntas para Reflexionar:

1. Si, como cree Paul Billheimer, los cristianos que oran son "la fuerza más poderosa para la civilización y la iluminación de la consciencia social en el mundo actual", ¿por qué hay tan pocos cristianos e iglesias locales orando apasionadamente?

2. ¿Qué puede hacerse para despertar a la iglesia dormida en la estrategia satánica de actividades al estilo "cronos", a fin de que descubra su destino "kairos" como reino de sacerdotes que ministran las 24 horas del día, los 7 días de la semana?

3. Ha habido muchos movimientos significativos para reedificar la Casa de Oración que funciona las 24 horas del día, los 7 días de la semana. ¿Cree que usted y su iglesia local están listos para ser parte de un movimiento de los últimos días con el propósito de reedificar la Casa de Oración, llamada el Tabernáculo de David? ¿Por qué sí, o por qué no?

4. ¿Qué está dispuesto a hacer usted para que su participación, y la de su iglesia, sean una realidad?

VII. Un Plan De Oración De 24 Horas

Mientras busca ser parte del plan de Cristo para reedificar la casa de oraciones continuas, recuerde que esto es un proceso. No será edificado en un día. El enemigo ha estado trabajando como en los días de Esdras y Nehemías para desanimar en la reedificación del templo y las murallas de Jerusalén. Zorobabel fue señalado para supervisar la reedificación del templo, y tuvo que lidiar con cada una de las estrategias del enemigo Primero, el enemigo ofreció ayuda en la edificación de modo que él pueblo de Dios se apartara de la obra, alejándose de las instrucciones de Dios y aderezándolas con las del enemigo (Edras 4:1-3) Hoy, el cristianismo debe confrontar la misma estrategia. El enemigo ha convencido a los creyentes de que la casa de Dios debe levantarse sobre un diseño corporativo de organización humana de programas en lugar de la oración. En lugar de ser modelos de transformación, demostrando el estilo de vida del reino, hemos modelado las últimas técnicas del marketing para vender el mensaje. Los resultados han sido los mismos que esperaba el enemigo. Sin embargo, Zorobabel se negó a permitir que el enemigo participara en la reedificación (Esdras 3:3). Hoy Dios está levantando un movimiento de redes de oración de 24 horas con cristianos de todo el planeta.[68] Ellos se niegan a ser desplazados en su caminar con Cristo a medida que restauran el diseño divino para la casa de Dios - una Casa de Oración para todas las naciones (Marcos

A medida que comience a usar este manual para enseñar y animar a otros a formar una red de 24 horas de oración, recuerde comenzar cuándo y dónde estén disponibles las personas.

---
68 Pete Grieg and Dave Roberts, *Red Moon Rising* (Orlando, Florida:Relevant Books, 2005), pp. 244-245.

11:17). Y el movimiento está cobrando fuerza.

    Segundo, el enemigo identificó los oponentes dentro del propio pueblo de Dios, personas que estaban más enfocadas en sus propios intereses egoístas que en el reino de Dios. Él los usaba para influenciar y estorbar la reedificación desde dentro (Esdras 4:4). Habrá algunos dentro de la congregación que se opondrán e influenciarán a otros para resistir el plan. Sin embargo, de la misma forma en que las palabras y planes de aquellos fueron derrotados por la palabra profética de Dios (Esdras 5:1-2), así también Dios dará su palabra y unción para hacer nacer una visión indetenible en nuestra iglesia y comunidad. Mientras ore, utilice las Escrituras proféticas dadas en la guía de oración. Escuche al Espíritu guiándole también hacia otras Escrituras. La visión que Dios hace nacer en nosotros a partir de su Palabra será tal que Dios se moverá en los corazones de su pueblo y liderazgo, posiblemente hasta en los niveles del gobierno civil (Esdras 6).

    En la provincia donde mi esposa y yo vivimos, el gobierno provincial ha invitado a la red cristiana de oración llamada SHOP (Casa de Oración Saskatchewan, por sus siglas en inglés) a orar regularmente en los mismísimos edificios de la legislatura del gobierno provincial en Regina, Saskatchewan. Se les asignó una sala de conferencias opuesta al líder del parlamento para orar.[69] Estamos llegando a un emocionante momento de la iglesia, donde los creyentes comienzan a despertar al poder y la autoridad que Cristo ha puesto en sus manos y corazones mediante la oración. En Latinoamérica estamos viendo cómo los creyentes despiertan a esta realidad. Los que perseveren serán parte del mayor movimiento espiritual en la historia de la iglesia.

    A medida que comience a usar este manual para enseñar y animar a otros a formar una red de 24 horas de oración, recuerde comenzar cuándo y dónde estén disponibles las per-

---

69   Richard Lepp, "Government Gate" (Mayo, 2008), www.saskatchewanhouseofprayer.org, visitado el 23 diciembre, 2008.

Un Plan De Oración De 24 Horas

sonas. Con tiempo y paciencia, Dios pondrá en los corazones de su pueblo la pasión para orar durante las vigilias que son más vitales e incluso más difíciles. Las vigilias de las primeras horas de la mañana son esenciales, y fueron enfatizadas por Jesús como las más importantes (Lucas 12:37-38). Inicialmente, serán las más difíciles para encontrar intercesores, hasta que algunos descubren cuánto Dios se revela a sí mismo durante esas horas. Donde más gracia se necesita, más gracia es otorgada. Recuerde el principio de que mientras sacrificamos tiempo y energía para ofrecer nuestro incienso de oración, Dios añadirá lo que falta (Apocalipsis 8:3-4). Él nos dará todo lo que necesitemos, y más, para motivarnos e impulsarnos a orar en los momentos más difíciles y retadores.

Este manual debe usarse en la manera que mejor funcione para su red. Está diseñado con la suposición de que cada intercesor seleccionará por lo menos una hora diaria para orar como parte de un reloj de oraciones en cadena durante 24 horas. A cada turno de oración, sea de día o de noche, se le asignan tres motivos de oración para las 3 horas de la vigilia o turno de oración. Todos los motivos de oración pueden ser presentados juntos en la hora escogida por el intercesor. O, el intercesor puede enfocarse en un motivo de oración para avanzar con más profundidad y detalle en su intercesión, según le guíe el Espíritu. Cualquiera que fuera el caso, los motivos de oración no son reglas de la oración. Son una guía para orar según el tema específico de oración en esa vigilia, de modo que usted deberá estar atento a las indicaciones y orientaciones del Espíritu Santo a medida que ora. Las Escrituras se han incluido en los temas de oración para que puedan ser leídas, meditadas, y luego utilizadas en nuestras oraciones. No se limite a estas Escrituras, sea sensible al Espíritu Santo cuando le guíe también hacia otros textos.

Quizás usted notó que en la primera parte de este manual, había un gráfico para cada tiempo de oración del reloj divino de oración. Estos gráficos son recursos que ayudarán al intercesor a recordar el contenido y los motivos de oración en cualquier momento. En las últimas páginas de este manual, encontrará un reloj de oración con los gráficos y tiempos, el cual permitirá que el intercesor, con una rápida ojeada, recuerde los temas o motivos de oración para cada tiempo de oración. Es recomendable que a medida que comienza a organizar a su iglesia o iglesias para cubrir los tiempos de oración, usted haga su propio reloj de oración en el cual los intercesores podrán escribir sus nombres en las vigilias u horas de oración a que se comprometen. Recuerde, la meta del reloj de oración es ayudarle a desarrollar un ritmo de vida espiritual personal. Por tanto, aunque haya terminado de orar la hora del reloj de oración con que se ha comprometido como parte de la comunidad cristiana local, aún puede practicar el reloj de oración durante el resto del día. Puede hacerlo al tomar unos instantes de reflexión y oración mientras mira su reloj, y recuerda la importancia espiritual de esa hora en la obra redentora de Cristo en su vida.

Una vez más, recuerde, esto es un proceso. El fundamento debe ser puesto bien antes de que el resto de la estructura sea levantada. El consejo del Señor a Zorobabel y al pueblo de Judá al poner el fundamento para la reedificación del templo fue de no menospreciar los inicios. *"¿Quién despreció el día de las pequeñeces? Se alegrarán al ver la plomada en la mano de Zorobabel" (Zacarías 4:10, RVA).* Mientras comienza, recuerde que el Señor se regocija, habiendo puesto la plomada de oración en nuestras manos para que su casa sea reedificada exactamente según su diseño. Haciéndolo, se unirá a cientos de miles alrededor del mundo quienes han sido llamados por el Maestro Carpintero y Edificador, Jesucristo, en la edificación de la casa que él y su Padre desean. *"Mi casa será llamada casa de oración para todas las naciones" (Marcos 11:17; Isaías 56:7).*

Preguntas para Reflexionar:

1. La clave para lanzar un movimiento de oración las 24 horas, los 7 días de la semana en su iglesia local, es identificar a intercesores fundamentales en su iglesia, quienes trabajarán con usted en un equipo. ¿Quiénes son algunos de los guerreros fundamentales de oración de su iglesia?

2. Prepárese para los contraataques del enemigo mientras se acerca al frente de la batalla espiritual. ¿Cuáles son algunos de los caminos que el enemigo pudiera sondear para desanimarle? (Recuerde que, a menudo, él usa áreas donde usted ha sido desanimado en el pasado).

3. Afírmese sobre las promesas de vida espiritual y sobre los propósitos que Dios le ha dado. ¿Cuáles son algunas de las promesas fundamentales y pasajes de las Escrituras que Dios le ha dado para su vida y ministerio?

4. Recuerde que la clave para el éxito será su propia obediencia y testimonio como parte de la Casa de Oración de 24 horas los 7 días de la semana. ¿Con quién siente usted que puede abrirse y apoyarse para mantenerse en el sendero de la oración 24-7?

La Hora Matutina del Incienso: 6 a.m.

Tema: El Pueblo de Dios

Guía de Oración:

1. Ore por la gracia para reunirse con Dios y para esperar, discernir y obedecer su voz mediante su Palabra.
2. Ore por el pueblo de Dios (en su vida e iglesia). Mencione a los creyentes por nombre pues son piedras preciosas y vivas.
3. Ore para que Dios levante a otros que se unan a usted en una red de oración de 24 horas, activos en el reino de sacerdotes, trayendo el incienso de oración delante del trono de Dios.

Escrituras:

"Vosotros visteis lo que hice a los egipcios, y cómo os tomé sobre alas de águilas, y os he traído a mí. Ahora, pues, si diereis oído a mi voz, y guardareis mi pacto, vosotros seréis mi especial tesoro sobre todos los pueblos; porque mía es toda la tierra. Y vosotros me seréis un reino de sacerdotes, y gente santa" (Éxodo 19:4-6).

"Esto es lo que ofrecerás sobre el altar: dos corderos de un año cada día, continuamente. Ofrecerás uno de los corderos por la mañana, y el otro cordero ofrecerás a la caída de la tarde.... Esto será el holocausto continuo por vuestras generaciones, a la puerta del tabernáculo de reunión, delante de Jehová, en el cual me reuniré con vosotros, para hablaros allí. Allí me reuniré con los hijos de Israel; y el lugar será san-

tificado con mi gloria" (Éxodo 29:38-39, 42-43).
"Y Aarón quemará incienso aromático sobre él; cada mañana cuando aliste las lámparas lo quemará. Y cuando Aarón encienda las lámparas al anochecer, quemará el incienso; rito perpetuo delante de Jehová por vuestras generaciones" (Éxodo 30:7-8).

"Y las piedras serán según los nombres de los hijos de Israel, doce según sus nombres; como grabaduras de sello cada una con su nombre, serán según las doce tribus.... Y llevará Aarón los nombres de los hijos de Israel en el pectoral del juicio sobre su corazón, cuando entre en el santuario, por memorial delante de Jehová continuamente" (Éxodo 28:21, 29).

"Acercándoos a él, piedra viva, desechada ciertamente por los hombres, mas para Dios escogida y preciosa, vosotros también, como piedras vivas, sed edificados como casa espiritual y sacerdocio santo, para ofrecer sacrificios espirituales aceptables a Dios por medio de Jesucristo" (1 Pedro 2:4-5).

"Suba mi oración delante de ti como el incienso, El don de mis manos como la ofrenda de la tarde" (Salmos 141:2).

"Y cuando hubo tomado el libro, los cuatro seres vivientes y los veinticuatro ancianos se postraron delante del Cordero; todos tenían arpas, y copas de oro llenas de incienso, que son las oraciones de los santos" (Apocalipsis 5:8).

"Otro ángel vino entonces y se paró ante el altar, con un incensario de oro; y se le dio mucho incienso para añadirlo *a las oraciones de todos los santos, sobre el altar de oro que estaba delante del trono. Y de la mano del ángel subió a la presencia de Dios el humo del incienso con las oraciones de los santos" (Apocalipsis 8:3-5).*

"Porque desde donde el sol nace hasta donde se pone, es grande mi nombre entre las naciones; y en todo lugar se ofrece a mi nombre incienso y ofrenda limpia, porque grande es mi nombre entre las naciones, dice Jehová de los ejércitos" (Malaquías 1:11).

La Hora Tercera de Oración: 9 a.m.

Tema: La Unción del Espíritu Santo

Guía de Oración:

1. Espere en oración y adoración, pidiendo y recibiendo en fe la unción y plenitud del Espíritu Santo.
2. Interceda por el cuerpo de Cristo pidiendo que la unción sacerdotal de perdón y reconciliación sea renovada en y mediante la iglesia.
3. Interceda por el cuerpo de Cristo pidiendo la unción real de poder, señales, milagros y sanidades, para que la buena noticia del perdón de pecado y el reino de Cristo sea proclamada con denuedo.

Escrituras:

"Era la hora tercera cuando le crucificaron" (Marcos 15:25).

"Entonces les abrió el entendimiento, para que comprendiesen las Escrituras; y les dijo: Así está escrito, y así fue necesario que el Cristo padeciese, y resucitase de los muertos al tercer día; y que se predicase en su nombre el arrepentimiento y el perdón de pecados en todas las naciones, comenzando desde Jerusalén. Y vosotros sois testigos de estas cosas. He aquí, yo enviaré la promesa de mi Padre sobre vosotros; pero quedaos vosotros en la ciudad de Jerusalén, hasta que seáis investidos de poder desde lo alto" (Lucas 24:45-49).

"Entonces Jesús les dijo otra vez: Paz a vosotros. Como me envió el Padre, así también yo os envío. Y habiendo dicho

esto, sopló, y les dijo: Recibid el Espíritu Santo. A quienes remitiereis los pecados, les son remitidos; y a quienes se los retuviereis, les son retenidos" (Juan 20:21-23).

"Todos éstos perseveraban unánimes en oración y ruego, con las mujeres, y con María la madre de Jesús, y con sus hermanos... Cuando llegó el día de Pentecostés, estaban todos unánimes juntos. Y de repente vino del cielo un estruendo como de un viento recio que soplaba, el cual llenó toda la casa donde estaban sentados; y se les aparecieron lenguas repartidas, como de fuego, asentándose sobre cada uno de ellos. Y fueron todos llenos del Espíritu Santo, y comenzaron a hablar en otras lenguas, según el Espíritu les daba que hablasen... Entonces Pedro, poniéndose en pie con los once, alzó la voz y les habló diciendo: Varones judíos, y todos los que habitáis en Jerusalén, esto os sea notorio, y oíd mis palabras. Porque éstos no están ebrios, como vosotros suponéis, puesto que es la hora tercera del día. Mas esto es lo dicho por el profeta Joel" (Hechos 1:14; 2:1-4; 2:14-16).

"A este Jesús resucitó Dios, de lo cual todos nosotros somos testigos. Así que, exaltado por la diestra de Dios, y habiendo recibido del Padre la promesa del Espíritu Santo, ha derramado esto que vosotros veis y oís... Sepa, pues, ciertísimamente toda la casa de Israel, que a este Jesús a quien vosotros crucificasteis, Dios le ha hecho Señor y Cristo" (Hechos 2:32-33, 36).

"Y ahora, Señor, mira sus amenazas, y concede a tus siervos que con todo denuedo hablen tu palabra, mientras extiendes tu mano para que se hagan sanidades y señales y prodigios mediante el nombre de tu santo Hijo Jesús. Cuan-

do hubieron orado, el lugar en que estaban congregados tembló; y todos fueron llenos del Espíritu Santo, y hablaban con denuedo la palabra de Dios" (Hechos 4:29-31).

"Y yo os digo: Pedid, y se os dará; buscad, y hallaréis; llamad, y se os abrirá. Porque todo aquel que pide, recibe; y el que busca, halla; y al que llama, se le abrirá... Pues si vosotros, siendo malos, sabéis dar buenas dádivas a vuestros hijos, ¿cuánto más vuestro Padre celestial dará el Espíritu Santo a los que se lo pidan?" (Lucas 11:9-10, 13).

"No os embriaguéis con vino...antes bien sed llenos del Espíritu, hablando entre vosotros con salmos, con himnos y cánticos espirituales, cantando y alabando al Señor en vuestros corazones; dando siempre gracias por todo al Dios y Padre, en el nombre de nuestro Señor Jesucristo. Someteos unos a otros en el temor de Dios" (Efesios 5:18-21).

La Hora Sexta de Oración: 12 m
Tema: Las Naciones

Guía de Oración:

1. Interceda pidiendo que la luz del evangelio de Cristo haga retroceder las tinieblas y la ceguera espiritual en su nación. Ore que los gobernantes se sometan a la voluntad y la justicia de Dios.
2. Interceda por la cosecha espiritual de las naciones (escoja algunas naciones acerca de las cuales haya estado leyendo o en las que tenga un interés especial).
3. Interceda pidiendo al Señor de la cosecha que envíe obreros con autoridad espiritual a estas naciones. Esté dispuesto a responder al llamado de Dios en su vida.

Escrituras:

"Y desde la hora sexta hubo tinieblas sobre toda la tierra hasta la hora novena. Cerca de la hora novena, Jesús clamó a gran voz, diciendo: Elí, Elí, ¿lama sabactani? Esto es: Dios mío, Dios mío, ¿por qué me has desamparado?" (Mateo 27:45-46).

"Sin embargo, os escribo un mandamiento nuevo, que es verdadero en él y en vosotros, porque las tinieblas van pasando, y la luz verdadera ya alumbra" (1 Juan 2:8).

"Al día siguiente, mientras ellos iban por el camino y se acercaban a la ciudad, Pedro subió a la azotea para orar, cerca de la hora sexta. Y tuvo gran hambre, y quiso comer; pero mientras le preparaban algo, le sobrevino un éxtasis;

Y vio el cielo abierto, y que descendía algo semejante a un gran lienzo, que atado de las cuatro puntas era bajado a la tierra; en el cual había de todos los cuadrúpedos terrestres y reptiles y aves del cielo. Y le vino una voz: Levántate, Pedro, mata y come... Y mientras Pedro pensaba en la visión, le dijo el Espíritu: He aquí, tres hombres te buscan. Levántate, pues, y desciende y no dudes de ir con ellos, porque yo los he enviado. Entonces Pedro, descendiendo a donde estaban los hombres que fueron enviados por Cornelio, les dijo: He aquí, yo soy el que buscáis; ¿cuál es la causa por la que habéis venido? Ellos dijeron: Cornelio el centurión" (Hechos 10:9-13, 19-22).

"Y le era necesario pasar por Samaria. Vino, pues, a una ciudad de Samaria llamada Sicar, junto a la heredad que Jacob dio a su hijo José. Y estaba allí el pozo de Jacob. Entonces Jesús, cansado del camino, se sentó así junto al pozo. Era como la hora sexta. Vino una mujer de Samaria a sacar agua; y Jesús le dijo: Dame de beber... ¿Cómo tú, siendo judío, me pides a mí de beber, que soy mujer samaritana?... Respondió Jesús y le dijo: Si conocieras el don de Dios, y quién es el que te dice: Dame de beber; tú le pedirías, y él te daría agua viva" (Juan 4:4-10).

"Jesús les dijo: Mi comida es que haga la voluntad del que me envió, y que acabe su obra. ¿No decís vosotros: Aún faltan cuatro meses para que llegue la siega? He aquí os digo: Alzad vuestros ojos y mirad los campos, porque ya están blancos para la siega" (Juan 4:34-35).

"Y al ver las multitudes, tuvo compasión de ellas; porque estaban desamparadas y dispersas como ovejas que no tienen *pastor. Entonces dijo a sus discípulos: A la verdad la mies es mucha, mas los obreros pocos. Rogad, pues, al Señor de la mies, que envíe obreros a su mies. Entonces llamando a sus doce discípulos, les dio autoridad sobre los espíritus inmundos, para que los echasen fuera, y para sanar toda enfermedad y toda dolencia" (Mateo 9:36-10:1).*

"Y Jesús se acercó y les habló diciendo: Toda potestad me es dada en el cielo y en la tierra. Por tanto, id, y haced discípulos a todas las naciones, bautizándolos en el nombre del Padre, y del Hijo, y del Espíritu Santo; enseñándoles que guarden todas las cosas que os he mandado; y he aquí yo estoy con vosotros todos los días, hasta el fin del mundo" (Mateo 28:18-20).

La Hora Novena de Oración: 3 p.m.

Tema: El Trono de la Gracia

Guía de Oración:

1. Oración de acción de gracias por el velo rasgado desde arriba hasta abajo, y por el acceso directo al trono de la gracia mediante el sacrificio de Cristo Jesús.
2. Oración por los seres queridos, familiares y amigos que aun no conocen a Cristo para que puedan entrar y recibir perdón y sanidad ante el trono de la gracia.
3. Oración para ser un representante de la justicia de Cristo en hechos de perdón, sanidad y amor a los necesitados en su alrededor (iglesia, familia, comunidad).

Escrituras:

"Cerca de la hora novena, Jesús clamó a gran voz, diciendo: Elí, Elí, ¿lama sabactani? Esto es: Dios mío, Dios mío, ¿por qué me has desamparado? Algunos de los que estaban allí decían, al oírlo: A Elías llama éste. Y al instante, corriendo uno de ellos, tomó una esponja, y la empapó de vinagre, y poniéndola en una caña, le dio a beber. Pero los otros decían: Deja, veamos si viene Elías a librarle. Mas Jesús, habiendo otra vez clamado a gran voz, entregó el espíritu. Y he aquí, el velo del templo se rasgó en dos, de arriba abajo" (Mateo 27: 46-51).

"Así que, hermanos, teniendo libertad para entrar en el Lugar Santísimo por la sangre de Jesucristo, por el camino nuevo y vivo que él nos abrió a través del velo, esto es, de su

carne, y teniendo un gran sacerdote sobre la casa de Dios, acerquémonos con corazón sincero, en plena certidumbre de fe, purificados los corazones de mala conciencia, y lavados los cuerpos con agua pura" (Hebreos 10:19-22).

"Jesús le dijo: Yo soy el camino, y la verdad, y la vida; nadie viene al Padre, sino por mí" (Juan 14:6).

"Por tanto, teniendo un gran sumo sacerdote que traspasó los cielos, Jesús el Hijo de Dios, retengamos nuestra profesión. Porque no tenemos un sumo sacerdote que no pueda compadecerse de nuestras debilidades, sino uno que fue tentado en todo según nuestra semejanza, pero sin pecado. Acerquémonos, pues, confiadamente al trono de la gracia, para alcanzar misericordia y hallar gracia para el oportuno socorro" (Hebreos 4:14-16).

"Pedro y Juan subían juntos al templo a la hora novena, la de la oración. Y era traído un hombre cojo de nacimiento, a quien ponían cada día a la puerta del templo que se llama la Hermosa, para que pidiese limosna de los que entraban en el templo. Este, cuando vio a Pedro y a Juan que iban a entrar en el templo, les rogaba que le diesen limosna. Pedro, con Juan, fijando en él los ojos, le dijo: Míranos. Entonces él les estuvo atento, esperando recibir de ellos algo. Mas Pedro dijo: No tengo plata ni oro, pero lo que tengo te doy; en el nombre de Jesucristo de Nazaret, levántate y anda. Y tomándole por la mano derecha le levantó; y al momento se le afirmaron los pies y tobillos; y saltando, se puso en pie y anduvo" (Hechos 3:1-6).

"Había en Cesarea un hombre llamado Cornelio, centurión

de la compañía llamada la Italiana, piadoso y temeroso de Dios con toda su casa, y que hacía muchas limosnas al pueblo, y oraba a Dios siempre. Este vio claramente en una visión, como a la hora novena del día, que un ángel de Dios entraba donde él estaba, y le decía: Cornelio. El, mirándole fijamente, y atemorizado, dijo: ¿Qué es, Señor? Y le dijo: Tus oraciones y tus limosnas han subido para memoria delante de Dios. Envía, pues, ahora hombres a Jope, y haz venir a Simón, el que tiene por sobrenombre Pedro. Este posa en casa de cierto Simón curtidor, que tiene su casa junto al mar; él te dirá lo que es necesario que hagas" (Hechos 10:1-6).

"Cuando extendáis vuestras manos, yo esconderé de vosotros mis ojos; asimismo cuando multipliquéis la oración, yo no oiré; llenas están de sangre vuestras manos…. aprended a hacer el bien; buscad el juicio, restituid al agraviado, haced justicia al huérfano, amparad a la viuda. Venid luego, dice Jehová, y estemos a cuenta: si vuestros pecados fueren como la grana, como la nieve serán emblanquecidos; si fueren rojos como el carmesí, vendrán a ser como blanca lana" (Isaías 1:15,17-18)

"…y juntamente con él nos resucitó, y asimismo nos hizo sentar en los lugares celestiales con Cristo Jesús…Porque por gracia sois salvos por medio de la fe; y esto no de vosotros, pues es don de Dios; no por obras, para que nadie se gloríe. Porque somos hechura suya, creados en Cristo Jesús para buenas obras, las cuales Dios preparó de antemano para que anduviésemos en ellas" (Efesios 2:6, 8-10).

La Primera Vigilia de Oración: 6 p.m. (La Hora del Incienso)

Tema: Los Niños

Guía de Oración:

1. Interceda por sus hijos naturales (y por otros niños que el Espíritu Santo traiga a su mente).
2. Interceda por los hijos espirituales - los nuevos creyentes en su vida e iglesia.
3. Ore por la reconciliación de las generaciones en su familia, la iglesia y en la nación para preparar a un pueblo dispuesto para la visitación del Señor.

Escrituras:

"Levántate, da voces en la noche, al comenzar las vigilias; Derrama como agua tu corazón ante la presencia del Señor; Alza tus manos a él implorando la vida de tus pequeñitos, Que desfallecen de hambre en las entradas de todas las calles". (Lamentaciones 2:19).

"Traían a él los niños para que los tocase; lo cual viendo los discípulos, les reprendieron. Mas Jesús, llamándolos, dijo: Dejad a los niños venir a mí, y no se lo impidáis; porque de los tales es el reino de Dios" (Lucas 18:15-16).

"Y en los postreros días, dice Dios, Derramaré de mi Espíritu sobre toda carne, Y vuestros hijos y vuestras hijas profetizarán..." (Hechos 2:17).

"¡Oh, señor mío! Vive tu alma, señor mío, yo soy aquella mujer que estuvo aquí junto a ti orando a Jehová. Por este niño oraba, y Jehová me dio lo que le pedí. Yo, pues, lo dedico también a Jehová; todos los días que viva, será de Jehová" (1 Samuel 1:26-28).

"Y tomó a un niño, y lo puso en medio de ellos; y tomándole en sus brazos, les dijo: El que reciba en mi nombre a un niño como este, me recibe a mí; y el que a mí me recibe, no me recibe a mí sino al que me envió" (Marcos 9:36-37).

"...a Timoteo, amado hijo:... Doy gracias a Dios, al cual sirvo desde mis mayores con limpia conciencia, de que sin cesar me acuerdo de ti en mis oraciones noche y día; deseando verte, al acordarme de tus lágrimas...trayendo a la memoria la fe no fingida que hay en ti, la cual habitó primero en tu abuela Loida, y en tu madre Eunice, y estoy seguro que en ti también. Por lo cual te aconsejo que avives el fuego del don de Dios que está en ti por la imposición de mis manos. Porque no nos ha dado Dios espíritu de cobardía, sino de poder, de amor y de dominio propio. Por tanto, no te avergüences de dar testimonio de nuestro Señor..." (2 Timoteo 1:2-8).

"¿Qué hombre hay de vosotros, que si su hijo le pide pan, le dará una piedra? ¿O si le pide un pescado, le dará una serpiente? Pues si vosotros, siendo malos, sabéis dar buenas dádivas a vuestros hijos, ¿cuánto más vuestro Padre que está en los cielos dará buenas cosas a los que le pidan?" (Mateo 7:9-11).

"De la boca de los niños y de los que maman, fundaste la

fortaleza, A causa de tus enemigos, Para hacer callar al enemigo y al vengativo" (Salmos 8:2).

"Zacarías, no temas; porque tu oración ha sido sido oida, y tu mujer Elisabet te dará a luz a un hijo, y llamarás su nombre Juan. Y tendrás gozo y alegría, y muchos se regocijarán de su nacimiento; porque será grande delante de Dios. No beberá vino ni sidra, y será llena del Espíritu Santo, aún desde el vientre de su madre. Y hará que muchos de los hijos de Israel se conviertan al Señor Dios de ellos. E irá delante de él con el espíritu y el poder de Elías, para hacer volver los corazones de los padres a los hijos, y de los rebeldes a la prudencia de los justos, para preparar al Señor un pueblo bien dispuesto" (Lucas 1: 13 - 17).

La Segunda Vigilia de Oración: 9 p.m.

Tema: La Preparación Espiritual

Guía de Oración:

1. Oración personal con Cristo para prepararnos y fortalecernos espiritualmente contra la carne y el enemigo (para someter nuestra voluntad a Dios y no a la carne o al diablo).
2. Oración por los pastores y líderes a fin de que reciban discernimiento y fortaleza espiritual. Oremos para que no caigan en las trampas del enemigo (que buscan destruir su ministerio y testimonio mediante la inmoralidad sexual, la deshonestidad financiera, la desunión en el liderazgo).
3. Oración para que la congregación permanezca firme en las pruebas (confrontando y lidiando con los intentos del enemigo que buscan debilitar a la iglesia mediante la murmuración, la disensión y la división).

Escrituras:

"Velad, pues, en todo tiempo orando que seáis tenidos por dignos de escapar de todas estas cosas que vendrán, y de estar en pie delante del Hijo del Hombre. Y enseñaba de día en el templo; y de noche, saliendo, se estaba en el monte que se llama de los Olivos. Y todo el pueblo venía a él por la mañana, para oírle en el templo" (Lucas 21:36-37).

"Vino luego a sus discípulos, y los halló durmiendo, y dijo a Pedro: ¿Así que no habéis podido velar conmigo una hora?

Velad y orad, para que no entréis en tentación; el espíritu a la verdad está dispuesto, pero la carne es débil " (Mateo 26:40-41).

"Porque el deseo de la carne es contra el Espíritu, y el del Espíritu es contra la carne; y éstos se oponen entre sí, para que no hagáis lo que quisiereis... Y manifiestas son las obras de la carne, que son: adulterio, fornicación, inmundicia, lascivia, idolatría, hechicerías, enemistades, pleitos, celos, iras, contiendas, disensiones, herejías, envidias, homicidios, borracheras, orgías..., los que practican tales cosas no heredarán el reino de Dios" (Gálatas 5:17-21).

"Pues en cuanto él mismo padeció siendo tentado, es poderoso para socorrer a los que son tentados" (Hebreos 2:18).

"...por lo cual puede también salvar perpetuamente a los que por él se acercan a Dios, viviendo siempre para interceder por ellos" (Hebreos 7:25).

"Como todas las cosas que pertenecen a la vida y a la piedad nos han sido dadas por su divino poder, mediante el conocimiento de aquel que nos llamó por su gloria y excelencia, por medio de las cuales nos ha dado preciosas y grandísimas promesas, para que por ellas llegaseis a ser participantes de la naturaleza divina, habiendo huido de la corrupción que hay en el mundo a causa de la concupiscencia" (2 Pedro 1:3, 4).

"Y no nos metas en tentación, mas líbranos del mal" (Mateo 6:13).

"Pues aunque andamos en la carne, no militamos según la carne; porque las armas de nuestra milicia no son carnales, sino poderosas en Dios para la destrucción de fortalezas, derribando argumentos y toda altivez que se levanta contra el conocimiento de Dios, y llevando cautivo todo pensamiento a la obediencia a Cristo" (2 Corintios 10:3-5).

"Por lo cual también nosotros, desde el día que lo oímos, no cesamos de orar por vosotros, y de pedir que seáis llenos del conocimiento de su voluntad en toda sabiduría e inteligencia espiritual, para que andéis como es digno del Señor, agradándole en todo, llevando fruto en toda buena obra, y creciendo en el conocimiento de Dios; fortalecidos con todo poder, conforme a la potencia de su gloria, para toda paciencia y longanimidad; con gozo dando gracias al Padre que nos hizo aptos para participar de la herencia de los santos en luz". (Colosenses 1:9-12).

La Tercera Vigilia (12 p.m.)

Tema: La Batalla Espiritual

Guía de Oración:

1. Ore con Cristo, para que como Pedro podamos aprender de nuestros errores anteriores, y volvamos preparados a la batalla espiritual para resistir en Cristo y ayudar a otros a resistir.
2. Ore para que la iglesia aprenda, nuevamente, a orar con la Palabra, declarando y obedeciendo la verdad para vencer las mentiras y engaños del enemigo.
3. Ore por los cristianos perseguidos alrededor del mundo, para que resistan firmes en Cristo, aun hasta la muerte.

Escrituras:

"Bienaventurados aquellos siervos a los cuales su señor, cuando venga, halle velando; de cierto os digo que se ceñirá, y hará que se sienten a la mesa, y vendrá a servirles. Y aunque venga a la segunda vigilia, y aunque venga a la tercera vigilia, si los hallare así, bienaventurados son aquellos siervos" (Lucas 12:37-38).

"Simón, Simón, he aquí Satanás os ha pedido para zarandearos como a trigo; pero yo he rogado por ti, que tu fe no falte; y tú, una vez vuelto, confirma a tus hermanos" (Lucas 22:31-32).

"Pero a medianoche, orando Pablo y Silas, cantaban himnos a Dios; y los presos los oían. Entonces sobrevino de

repente un gran terremoto, de tal manera que los cimientos de la cárcel se sacudían; y al instante se abrieron todas las puertas, y las cadenas de todos se soltaron. El entonces, pidiendo luz, se precipitó adentro, y temblando, se postró a los pies de Pablo y de Silas; y sacándolos, les dijo: Señores, ¿qué debo hacer para ser salvo?" (Hechos 16:25-26, 29-30).

"Por lo demás, hermanos míos, fortaleceos en el Señor, y en el poder de su fuerza. Vestíos de toda la armadura de Dios, para que podáis estar firmes contra las asechanzas del diablo. Porque no tenemos lucha contra sangre y carne, sino contra principados, contra potestades, contra los gobernadores de las tinieblas de este siglo, contra huestes espirituales de maldad en las regiones celestes. Por tanto, tomad toda la armadura de Dios, para que podáis resistir en el día malo, y habiendo acabado todo, estar firmes" (Efesios 6:10-13).

"Estad, pues, firmes, ceñidos vuestros lomos con la verdad, y vestidos con la coraza de justicia, y calzados los pies con el apresto del evangelio de la paz. Sobre todo, tomad el escudo de la fe, con que podáis apagar todos los dardos de fuego del maligno. Y tomad el yelmo de la salvación, y la espada del Espíritu, que es la palabra de Dios; orando en todo tiempo con toda oración y súplica en el Espíritu, y velando en ello con toda perseverancia y súplica por todos los santos" (Efesios 6:14-18).

"Porque la palabra de Dios es viva y eficaz, y más cortante que toda espada de dos filos; y penetra hasta partir el alma y el espíritu, las coyunturas y los tuétanos, y discierne los pensamientos y las intenciones del corazón" (Hebreos 4:12).

"Hijitos, vosotros sois de Dios, y los habéis vencido; porque mayor es el que está en vosotros, que el que está en el mundo" (1 Juan 4:4).

"En lo cual vosotros os alegráis, aunque ahora por un poco de tiempo, si es necesario, tengáis que ser afligidos en diversas pruebas, para que sometida a prueba vuestra fe, mucho más preciosa que el oro, el cual aunque perecedero se prueba con fuego, sea hallada en alabanza, gloria y honra cuando sea manifestado Jesucristo" (1 Pedro 1:6-7).

"Entonces el dragón se llenó de ira contra la mujer; y se fue a hacer guerra contra el resto de la descendencia de ella, los que guardan los mandamientos de Dios y tienen el testimonio de Jesucristo" (Apocalipsis 12:17).

"Cuando abrió el quinto sello, vi bajo el altar las almas de los que habían sido muertos por causa de la palabra de Dios y por el testimonio que tenían. Y clamaban a gran voz, diciendo: ¿Hasta cuándo, Señor, santo y verdadero, no juzgas y vengas nuestra sangre en los que moran en la tierra? Y se les dieron vestiduras blancas, y se les dijo que descansasen todavía un poco de tiempo, hasta que se completara el número de sus consiervos y sus hermanos, que también habían de ser muertos como ellos" (Apocalipsis 6:9-11).

"Y el Dios de paz aplastará en breve a Satanás bajo vuestros pies" (Romanos 16:20).

"Ahora ha venido la salvación, el poder, y el reino de nuestro

Dios, y la autoridad de su Cristo; porque ha sido lanzado fuera el acusador de nuestros hermanos, el que los acusaba delante de nuestro Dios día y noche. Y ellos le han vencido por medio de la sangre del Cordero y de la palabra del testimonio de ellos, y menospreciaron sus vidas hasta la muerte" (Apocalipsis 12:10-11).

"Entonces vi el cielo abierto; y he aquí un caballo blanco, y el que lo montaba se llamaba Fiel y Verdadero, y con justicia juzga y pelea. Sus ojos eran como llama de fuego, y había en su cabeza muchas diademas; y tenía un nombre escrito que ninguno conocía sino él mismo. Estaba vestido de una ropa teñida en sangre; y su nombre es: EL VERBO DE DIOS. Y los ejércitos celestiales, vestidos de lino finísimo, blanco y limpio, le seguían en caballos blancos. De su boca sale una espada aguda, para herir con ella a las naciones" (Apocalipsis 19:11-15).

La Cuarta Vigilia (3 a.m.)

Tema: El Reino de Cristo

Guía de Oración:

1. Ore por un poderoso movimiento espiritual en su iglesia y en su ciudad mientras se unen los creyentes de todas las denominaciones para levantar las manos juntos en oración ante el trono de Dios.
2. Ore por una irrupción del reino de Cristo en su iglesia y en la comunidad mediante el arrepentimiento, el avivamiento y la transformación de la comunidad.
3. Ore por el retorno de Cristo, cuando él establecerá su reino sobre la tierra y dará fin a la influencia de Satanás. ¡Maranatha!

Escrituras:

"Levantándose muy de mañana, siendo aún muy oscuro, salió y se fue a un lugar desierto, y allí oraba" (Marcos 1:35).

"Más a la cuarta vigilia de la noche, Jesús vino a ellos andando sobre el mar. Y los discípulos, viéndole andar sobre el mar, se turbaron, diciendo: ¡Un fantasma! Y dieron voces de miedo. Pero en seguida Jesús les habló, diciendo: ¡Tened ánimo; yo soy, no temáis! Entonces le respondió Pedro, y dijo: Señor, si eres tú, manda que yo vaya a ti sobre las aguas. Y él dijo: Ven" (Mateo 14:25-29).

"Velad, pues, porque no sabéis cuándo vendrá el señor de la casa; si al anochecer, o a la medianoche, o al canto del

gallo, o a la mañana; para que cuando venga de repente, no os halle durmiendo. Y lo que a vosotros digo, a todos lo digo: Velad". (Marcos 13:35-37).

"Aconteció a la vigilia de la mañana, que Jehová miró el campamento de los egipcios desde la columna de fuego y nube, y trastornó el campamento de los egipcios, y quitó las ruedas de sus carros, y los trastornó gravemente. Entonces los egipcios dijeron: Huyamos de delante de Israel, porque Jehová pelea por ellos contra los egipcios" (Éxodo 14:24-25).

"Y Jehová dijo a Moisés: Extiende tu mano sobre el mar, para que las aguas vuelvan sobre los egipcios, sobre sus carros, y sobre su caballería. Entonces Moisés extendió su mano sobre el mar, y cuando amanecía, el mar se volvió en toda su fuerza, y los egipcios al huir se encontraban con el mar: y Jehová derribó a los egipcios en medio del mar. Y volvieron las aguas, y cubrieron los carros y la caballería, y todo el ejército de Faraón que había entrado tras ellos en el mar; no quedó de ellos ni uno" (Éxodo 14:26-28).

"Y sucedía que cuando alzaba Moisés su mano, Israel prevalecía; mas cuando él bajaba su mano, prevalecía Amalec. Y las manos de Moisés se cansaban; por lo que tomaron una piedra, y la pusieron debajo de él, y se sentó sobre ella; y Aarón y Hur sostenían sus manos, el uno de un lado y el otro de otro; así hubo en sus manos firmeza hasta que se puso el sol. Y Josué deshizo a Amalec y a su pueblo a filo de espada. Y Jehová dijo a Moisés: Escribe esto para memoria en un libro, y di a Josué que raeré del todo la memoria de Amalec de debajo del cielo. Y Moisés edificó un altar, y llamó su nombre Jehová-nisi; y dijo: Por cuanto la mano de Amalec se levantó

contra el trono de Jehová, Jehová tendrá guerra con Amalec de generación en generación". (Éxodo 17:11-16).

"Quiero, pues, que los hombres oren en todo lugar, levantando manos santas, sin ira ni contienda" (1 Timoteo 2:8).

"El primer día de la semana, María Magdalena fue de mañana, siendo aún oscuro, al sepulcro; y vio quitada la piedra del sepulcro" (Juan 20:1).

"Y hallaron removida la piedra del sepulcro; y entrando, no hallaron el cuerpo del Señor Jesús. Aconteció que estando ellas perplejas por esto, he aquí se pararon junto a ellas dos varones con vestiduras resplandecientes; y como tuvieron temor, y bajaron el rostro a tierra, les dijeron: ¿Por qué buscáis entre los muertos al que vive? No está aquí, sino que ha resucitado" (Lucas 24:2-5).

"No con ejército, ni con fuerza, sino con mi Espíritu, ha dicho Jehová de los ejércitos" (Zacarías 4:6b).

"Y si el Espíritu de aquel que levantó de los muertos a Jesús mora en vosotros, el que levantó de los muertos a Cristo Jesús vivificará también vuestros cuerpos mortales por su Espíritu que mora en vosotros" (Romanos 8:11).

"Amén; sí, ven, Señor Jesús" (Apocalipsis 22:20).

HORARIO DEL RELOJ DIVINO DE ORACIÓN

6 a.m. - La Hora del Incienso Matutino (El Pueblo de Dios).

9 a.m. - La Hora Tercera de Oración (Unción del Espíritu Santo).

12 m - La Hora Sexta de Oración (Las Naciones).

3 p.m. - La Hora Novena de Oración (El Trono de Gracia).

6 p.m. - La Primera Vigilia de Oración (Los Niños).

9 p.m. - La Segunda Vigilia de Oración (Preparación Espiritual).

12 p.m. - La Tercera Vigilia (Batalla Espiritual).

3 a.m. - La Cuarta Vigilia de Oración (El Reino de Cristo).

www.ingramcontent.com/pod-product-compliance
Ingram Content Group UK Ltd.
Pitfield, Milton Keynes, MK11 3LW, UK
UKHW041950230426
12048UKWH00008B/255